さんいんの民話シリーズ

ふるさとの民話

［第10集］

鳥取県東部編 Ⅱ

酒《さか》井《い》董《ただ》美《よし》

HARVEST

ハーベスト出版

ふるさとの民話　第十集　鳥取県東部編Ⅱ　目次

「猿蟹合戦」から後の七話は『山陰中央新報』には掲載していないものです。

本書は語り手の言葉（方言や言い回し、また現代では不適切とされる言葉など）をできるだけそのままに掲載しています。

表紙・イラスト　福本隆男

ふるさとの民話　第十集　鳥取県東部編Ⅱ

五分次郎《ごぶじろう》

智頭町波多

昔あるところになあ、お父さんとお母さんとに子どものうて、そしたら、ある神さんにお母さんが信仰《しんこう》しようらえた。まあ、二十一日か、また七日、また七日いうて、三七、二十一日の祈願《きがん》をこめて行きよられたら、中指の腹がポンと大きゅうなって、「こら何ちゅうこっちゃろう」と思ったら、田圃《たんぼ》に出とったところが、腹が痛うなってくる。腹がいたい。

そいから隣《となり》のおばさんに言うたら、

「そら、子どもができるじゃ」いうところで、見りゃあ中指の腹が大きゅうなっとるじゃけえ、そこをちょっと割られたらポカッと子どもが出来てきた。

「そうか、そうか。これはまあたいした子どもじゃ。神さん信仰して、そがぁしてもろうた授《さず》け子《ご》じゃけえ」言うて、それこそ、まま食え、とと食えで大きにしよりましたら、まあ、一年、二年、三年、五年とたって、

「はーあ、もうなあ、二十にもなってても同しことじゃ。同し五分じゃが、はんになにひとつ頼《たの》もうもないしなあ」ていうて言うたそうな。

そうしたら、五分次郎は、

「いや、わしはなあ、お父さんやお母さんやなあ、これから養《やしな》うけえ、鰯《いわし》売りをするけえ。ちょっと元をくれえ」言うた。元を出したら鰯を三匹買うて、鰯を縦《たて》に負うて、そして、鰯ぃ売りぃ行って、大きな大きなうちに行ったら、

「鰯はいらんか」て、声だけは大きな声が出るじゃけえ、そう言うたところが、

「ああ、鰯は珍《めずら》しい、久しぶりじゃなあ」言うて、女中さんが篭《かご》を持って買いに出てみるところが、何にもおりゃあせん。

「何にもおりゃあせん。鰯売りはどこにおるじゃろう」

「あっ、ここじゃここじゃ、ここにおります。ここに」

見りゃあ、五分ぐらいな人間が鰯を縦に負うて、鰯ばっかり歩きよるような。「あ、そうか、そうか、ほんならまあ何じゃ、もらうじゃわ」言うて、その家で買うてくれたそうな。

「わしゃあこいからなあ、何里《なんり》の道もこの足じゃあ歩けんけえ、泊めてくださいなあ」

「そりゃまあ、おまいみたいな者は、どっこいでも寝させられるけえ、そりゃあ泊めてあげるわ」言うたところが、

「食べるもんは、わしゃ持っとるけえ」

「そんなら泊めてあげる。部屋の隅でも、どっこでも泊めさせれるわ」言うて、泊めたところが、なかなか賢《かしこ》いうか、利口《りこう》なもんじゃ。そいから自分がこうまい粉《こな》をしてもろうて、それを食べて、それは残《のこ》いとった。

その家に一人娘のお嬢《じょう》さんがあった。そのお嬢さんの奥の間に、お嬢さんの長《なが》まっておられた。

夜中にだあれも寝静まってから、それから、そのお嬢さんの口のほてらにその粉、いっぱいこと塗《ぬ》りつけておいた。

そしてまあ、夜が明けるしすりゃあ、五分次郎は大変に悲しげにすこすこすこすこ泣くけえ、

「こりゃあまあ、どげしたじゃえ。五分次郎さん」言われたそうな。

そうすると、五分次郎は、

「わたしゃあ、ほかのもなあよう食べんに、わたしの食べるもんをお嬢さんが、みな食べてしもうて、今朝は何にも食べれん、食べるもんがないじゃ」言うた。

「そんなことがあるもんか、うちにゃあそんなことをするような娘じゃない」って、奥に入って見りゃあ、ほんにお嬢さんの口のほとりゃいっぱい粉つけとる。

「何ちゅうことじゃあ」いうようなことで、

「どうしても粉ないけえ、食べるようがない」て言うたら、

「どぎゃぁしようもない。粉でもひいて返すし、どぎゃしたらええじゃろ」言うたら、

「わたしゃあ、粉もお金も何にもいらんけど、お嬢さんをお嫁さんにほしいじゃ」って言うたら、

「まーあ、そんなことは……」言うて、お母さんの方は困っとられるところが、お嬢さんが言うたそうな。

「いったんそう言われたら、そうしたらしかたがない。わたしゃあ取って食べたたあ思わんけど、そいでも口についとりゃあしかたがないじゃけえ、ほんならまあ、お嫁になって行くじゃわ」言うた。

それからまあ、お嫁になって行きよったら、そいたら、お嬢さんはまあ、きれいにこしらえて、そうして、まあ、五分次郎を歩かせるいうたってかなわんじゃけえ、袂《たもと》へ入れて、そうしてまあ行きよられた。そしたら、ある家がなあ、馬を出いて笹《ささ》を食いよった。五分次郎が、

「馬が見たい」言うたので、

「そんなら見せてあげよ」言うて、それに出て笹《ささ》の実ぃひょっと留《と》まらせらせたとこ

ろが、そうしたら、笹を馬が食うてしもうた。

「こりゃあほんに、馬が笹を食べて…　はーあ、わたしの旦那《だんな》は馬に食われた」言うて、大変にお嬢さんが悲しがったところが、馬がぽってぽってウンコをたらしたら、それの中へ五分次郎が入っとって、きれいに洗うたそうな。五分次郎はまた、

「馬が見たい」と言うものだから、お嬢さんは言うたそうな。

「馬が見たいの言うことがないようにしんさいや」言うて、次郎はきれいにきれいに洗うてもろうて、入れてもろうて戻《もど》ってきた。


「今、戻ったで。戻ったはええが、嫁さんをもろうてもどった」

「まーあ、何じゃあ、お姫さんのようなお嬢さん、連れてもどっとるけえ、何ちゅうことじゃ。あがなうちから、ほんにお嬢さんをもろうてや。そりゃまあ、ありがたいことじゃけえ」。とお父さんとお母さんは言うて、次郎と嫁さんに、

「ほんなら、おまえらはなあ、四国の金比羅《こんぴら》さんに参ってきんさいな」言うた。

五分次郎と嫁さんは、そいから金比羅さんに参りよったそうな。

ずっと大きな船に乗ったら、次郎も船の甲板《かんぱん》にあがって、まあ、見りゃあ、ずっと魚がおる。

大きな海を渡りよったら、喜んで、喜んで、五分次郎がずっと跳《は》ねくりまわりよったところが、海ぃはまって、お嬢さんは、

「まーあ、情けない。ほんにいっぺんは笹で助かったけど、今度ぁ海ぃはまったが、どうすることもできん。ああ、わしはいったん参る言うただけえ、一人でも金比羅さんに参ってくるけえなあ」言うて、そして宿へ泊まったそうな。

そうしたところが、宿のまな板の周りに人がぎょうさんおりよる。

「何ごとじゃろう」思うて、お嬢さんが出て見たところが、大きな鯛《たい》を刺身《さしみ》にしているところだった。ところがその鯛が、まな板の上で暴れて、

「こりゃ何ごとじゃろう」言うて、宿屋の衆もあきれていたら、

「包丁《ほうちょう》、危《あぶ》ない。包丁、危ない」言うて、その鯛がものを言うのだそうな。

「この鯛はものを言うが、何ということを言うじゃろう」いうて言う。

それで聞いてみたら、

「包丁、危ない。包丁、危ない」て言う。

五分次郎の嫁さんが、

「実はわたしの主人が、船から落ちて、そうして海へ入ったら、そこに大きな魚がおって、それがぼっと飲んだです。今、『包丁、危ない』言いよるけえ、ちょっと待ってみてもらえんかなあ」て頼んだ。

「そーんなことですだか」いうやなことで、待ってもらっておったら、
それから、宿屋で料理が出来るししたが、そうしておられたら五分次郎がこぼーんととんで出てな。

「何ちゅう、まあ、たいしたことじゃ」お嬢さんがほんに喜んで、喜んでおった。

そいからまあ、よばれて、あくる日になった。

お嬢さんと五分次郎は金比羅さんに参って、そして戻りよったところが、日が暮れたそうな。

で、どうにも宿まで帰れんもんじゃけえ、途中で、一軒屋があったもんじゃけえ、そこい寄ったそうな。

そうしたら、おばあさんが一人おられて、

「うちにゃあなあ、鬼が泊まる鬼の下宿じゃけえ。そいじゃけえ、おまえたちゃあ危ないけえ、そいじゃけえ、嫁さんの方はここの桶《おけ》があるけえ、これかぶしてあげる。それから五分次郎は、その柱に傷があるところに潜《ひそ》んどれえ」言う。それから、五分次郎は潜んどるしして、そこい泊めてもろうて、

「大きい声、出されんで」いうて言われそうな。

それからまあ、一夜《ひとよ》さそこい泊まっとったところが、赤鬼、青鬼、黒鬼…いっぱいことやって来た。ことことことこと、でんでんでんでこでんでこでんでこ、ずっと力比べ

をして、相撲《すもう》取り始めた。

そうしたところがなあ、柱の傷に潜んでいた五分次郎が喜んで、

「やつ来い、やつ来い、やつ来い、やつ来い」

「赤鬼勝った」

「黒鬼勝った」言うたら、

「あ、今夜は違う。今夜は違う。こりゃ化物《ばけもん》じゃ。化物が出る。化物が来る」言うて、
鬼がもう、ずっとおびえて、

「ここにゃあ、おられん。ここにゃ。ここにおりゃあ危ない。ここにおりゃあ危ない」

言うて、鬼がみな逃げてしもうた。

「やれやれ、ああよかった、よかった。おめえたち、助かってよかったなあ」とおばあさんが言うたそうな。

夜が明けてみりゃあなあ、見りゃあなあ、鬼が打ち出の小槌《こづち》、忘れとってなあ、そして、

「こりゃあ打ち出の小槌じゃで。これでたたきゃあ、なんでもできるぜ」て五分次郎が嫁さんに、

「これでわしょをたたいてくれえ」言う。

「一寸伸びい、一寸伸びい、一寸伸びい、」

嫁さんが五分次郎をたたくたんびに、ずんずんずんずん大きゅうなって、とーうとう五尺三寸のええ男になった。

そいからまあ、二人が金比羅さんにお礼参りをして、そして打ち出の小槌を持って帰ったところが、もうお父さんとお母さんはびっくりして、

「何ごとじゃろう」思って、見るところが、五尺三寸の五分次郎がええ男じゃし、お嬢さんは大きなええ嫁さんじゃしして、まあ、喜んで、喜んだ。

嫁さんもええ長者から、あれこれあれこれ荷物も持ってこられるけど、

「まあ、家をせにゃぁならん」いうところになって打ち出の小槌で打ったそうな。

そうしてまず屋敷所ができて、続いて打ち出の小槌を打ち出して、

「家もするわ」

「蔵もするわ」言うて、家も蔵もできてなあ、やっぱり神の申し子じゃけえ、ひとりはえらい目もしたけれど、それこそ長者とつき合えるようにな立派な家も出来、ええお嫁さんと婿さんとができて、お父さんやお母さんがたいへんに喜んだ。

それぱっちり。

語り手は大原寿美子さん（明治四十年生）で昭和六十年八月にうかがった。なかなかスケールの大きい話である。関敬吾博士の『日本昔話大成』によれば、本格昔話の「誕生」の中にある「田螺息子」とか「一寸法師・鬼征伐型」、「親指太郎」あたりに該当する話であろう。

吉吾《きちご》どんの天登《てんのぼ》りと涙《なみだ》がこぼれる話《はなし》

智頭町波多

昔、吉吾どんいうて、まことに嘘《うそ》をようこくけえ、ほんに何ちゅうて、「吉吾どんが、今日は天登りをするげなけえ」というので、みんなが、「見い行こうで」言うて、まあ地下中《じげじゅう》、「吉吾どんの天登りじゃ」言うて、ぎょうさん言うて触《ふ》れ回《まわ》って、そうして行ってみるところが、大きな田圃《たんぼ》の中い吉吾どんが長い竿《さお》を立てて、みんなずっといっぱいこと、輪《わ》になっておるところへ、「それじゃあ、こいから天登りをするけえ」言うて、その竿へさばって、「おい、吉吾どん、危《あぶ》ないけえ、それえな竿で天登りゃ、そりゃあ危ない、危ない、そりゃあ危ない」言うて。まあ、とりゅうとりゅうに輪になっとる者《もん》が、もう、みんながそげえ言うけえ。

「ああ、そうかいや。危なけりゃやめた」

「まあ、やめただか」

「やめた。危ないこたあせんで」言うて、やめてしまったそうな。


そうしたら、ある日のこと。

その吉吾が、まあ、銭《ぜに》はなし、その痩《や》せこけた痩せこけた馬ぁ持ていって、そがして、あるおじさんに向かって、

「おじさん、おじさん、この馬はなあ、あのう、金《かね》の糞《ふん》をひるじゃ。金の糞をひるけえ、そいけえ、この何じゃ、買うてごされんか」て言う。欲《よく》のおじさんで、

「ふん、そうかいや。ほんとに金の糞をひるかいや」言ったら、

「ひる。本当に金の糞をひるで、何ぼうでも金が出来るわい」て。

「ふん、何ぼうでごすや」

「まあ、これこれで」て言った。いい加減《かげん》な値《ね》うちをつけて、痩せこけた馬ぁな、そ

のおじさんから金をやっともろうて。

そしておったところが、何日たったって、ちょっとも糞はひるけど金の糞はひらんけえ、

「吉吾どん、まった、嘘をこく。吉吾どんの言うたことは、みんな嘘じゃがなあ、ちょっとも金の糞はひりゃあせん」と文句《もんく》を言うたげな。

そうしたら吉吾が、

「ちいたあ、何じゃ、金を食わしよるだか、金を」言うたら、

「何で金やなんやを食わせ言うじゃ」

「金を食わせにゃ、何じゃで、金はひりゃあせんで。そりゃあ金を食わせにゃあ金はひりゃあせんや」

「このくそだらずめが、何で金を食わせるもんがあるじゃいや」。おじさんが怒《おこ》って。

まあ、そうしてまあ、日がたちよったら、

「何でもまあ、こんだぁ払《はら》うけえ、いついつにゃあ払うけえ、金《かね》を貸《か》せえ」「ああ、何を貸せえ」言うて行くじゃけえ、

「もうほんに、もう吉吾どんにゃあだまされんがなあ」言うて、おじさんがひどう怒っておったところへ、ずっとまあ、そりゃあ何日も何十日もたってから、また行って、そして、何やら、おじさんに、

「おじさん、また来たい」言うて。

「またもこごともあるか。何しに来るじゃ」

「おじさん、戸をそおっと開けてくれえや。開けてくれえや、開けてくれえや」て言うし、

「何で開けるじゃあや。嘘ばっかりこいて、銭を貸せえ、金を貸せえて言うたって、ちょっとも払やあせんし」言うたら、

「まあ、おじさん、開けてくれえや。こぼれる、こぼれる、おじさん、こぼれるがなあ」言うて。

「何がこぼれるじゃいや」。欲なおじさんじゃけえ、

「そいでもまあ、いっつもまあ、何貸せえ、何ごせえいうて言うけれど、今日は、こぼれる、こぼれる、言うけえ、そいでも何ぞ持ってきとうやも知らずなあ」言うて、おじさんが開けてみりゃあ、何にも持っちゃあおらん。ぶらりしとって、

「何がこぼれるじゃいや」言うたら、

「涙がこぼれる。おじさんが開けてごさんけえ、涙がこぼれる」いうて言うたとや。

そればっちり。

……………

語り手は大原寿美子さん（明治四十年生）。昭和六十二年八月にうかがった話である。

夢買《ゆめか》い長者《ちょうじゃ》

智頭町波多

昔、雪《ゆき》が消えぎわには春ばるといって、毎年、田舎《いなか》では、木をこりに行っていました。

あるとき、若いもんが二人、

「春ばるに行こうで」ということになって、山に木をこりに行きました。

そうして、木を切っているうちに昼になったので、

「昼ご飯を食べよう」と言って、昼ご飯を食べ、終わってから、一人の男はそこに寝て、昼寝をしました。

そうすると、くたびれて、ぐーっすり大きないびきかいて寝るし、一人の男は、雪の消え残ったのを、起きて、あそこをつつき、ここをつつき、消しておりました。まっ昼間にねえ。そのうち、

〝昼寝のもんも起きるけえ〟と思って見ていると、そのぐっすりいびきをかいて寝ている男の鼻の中に、虻《あぶ》が入って行きます。そしてまた虻は出て、また、飛んできて、虻が入って、また、ぶんぶらぶんぶらして、また、飛んで出て、と繰《く》り返《かえ》しています。

「何ちゅうえらいことしょうるな、虻が入っとるのも知らっと寝とるだがなあ」見ていたそうな。

それから寝ているのを見ていた男が、

「おい、もう起きいや。仕事しょうや」と言って起こすと、眠《ねむ》っていた男は、

「うん、うん」と起きて来て、

「まーあ、そうじゃな。仕事せなな。だけどえらいええ夢を見たぞ」と言う。

「どんな夢じゃ」と聞くと、

「この山になあ、白い椿《つばき》がある。その白い椿の根を掘ると金瓶《かねがめ》が出てくるいうて、そういうてなあ、神さんが教えてくださったで。おまえと二人、捜《さが》そう」って言うので、

「ふーん、そうかい」と答えて、それから、仕事をしてもどったものの、雪をつつい

て消していた男の方は、もう気になって気になってならないので、その山をあちこちあちこち捜していたら、なるほど白い椿がありました。

「ははあー、これだな」と思って、それから白い椿の根を掘ったところが、本当に金瓶が三つ出てきたので、持って帰りました。

そうしたら、その寝とった男は、

「おい、おまえと二人、捜そう、言うたけど、おめえは白い椿の根を掘って、金瓶を掘ってきたげなが、わしはなあ、その金瓶半分くれえとは言わんけど、ちょっと見せてくれえや」と言ったら、

「そらあ、見せでも何ぼないと見んさりゃあええが」って、金瓶を三つ出しじ見せると、夢を見ていた男は、

「大きないい金瓶だなあ」とぐるりぐるり回していたところが、よく見ると『十のうちの一つ』と三つの瓶《かめ》に書いてあるではありませんか。ところが、その雪をつついて消していた男は字を知らなかったので読むことができません。それで字を読んだ男は、

「まーだ七つあるがよう」と思い、それから、

「まーあ、ええ瓶じゃ。大もうけをしたなあ」言うぐらいで帰ってから、日にちを変えて、捜しに行ったのです。

行ってみればなるほど白い椿があって、そこに瓶を掘り出した跡《あと》がある。

男は、

「ここに後、七つあるじゃがなあ」と思って、一生懸命に掘って掘って掘ってみれば、本当に七つ出てきてねえ、大きな金持ちになって一生安楽《いっしょうあんたい》に暮らしそうな。それだから、一人で欲ばりをしてはいけないのですよ。お互い、二人が行ったら半分ずつもらえましたのにねえ。

そればっちり。

語り手は大原寿美子さん（明治四十年生）。昭和六十年八月にうかがった。関敬吾博士の『日本昔話大成』の分類では、本格昔話、運命と致富の中に「夢買長者」として登録されているのが博士のそれである。

夢は、天の神からの予兆であるという信仰が、この話の背景にあるが、欲ばった男にはそれなりの報いが用意されているところからも、先祖の人々の欲ばらずに、よいことはお互い仲よく分け合って過ごすべきだというメッセージがこめられているのであろう。

腐《くさ》った寒《かん》の風《かぜ》

鳥取市用瀬町江波

和尚《おしょう》さんと小僧《こぞう》さんとありましてなあ、和尚さんがどこかの法事《ほうじ》に行かれるとかなあ、何か拝《おが》みに行かれるとかしたらなあ。帰ってこられたら天井裏《てんじょううら》に袋《ふくろ》を下げとられるのを、いっつもその袋をこげってちょっと口を開けてこげしとられるだって。

そいつ、小僧さんが見とってなあ、

「和尚さんは何でも、出てもどりさえすりゃあ、あの袋を開けて見られる。何があるだらあな」と思って、和尚さんが出ておられる間に、まあ、あれをちょっと開けてみただって。

開けたら「寒《かん》の風」が入れてあって、和尚さんが暑いけえなあ、それをまあ、暑いときに夏にもどったら、そいつうよけえ出しゃあ惜《お》しいだけえ、ちょっとしたらふいーっと涼《すず》しい風が出たら、またその口をきーっと締《し》めて、そげしてまあ、つっときょられた。

そげしたら、小僧さんがそれを知りゃあせず、

「いっつももどったら、あれを見るが何が入っとるだらあか」と思って、和尚さんが今日出られてから、あいつ開けてみようと思ったそうな。

小僧さんがその袋を開けたら「シューッ」と風が出て、その袋が吸いかべ（ぺっしゃんこに）になってしもうて、

「こりゃあ困《こま》ったことをした。どげえしょうどなあ」と思いよったら、小僧さんが屁《へ》を出たあぁなって、

「こりゃあ、屁をひりこんで、まあ、縛《しば》っとかあ」と思って、屁をひりこんで知らん顔をしてつっとったら、和尚さんがもどってきてなあ、そげしていつっもと同《おん》じことに、

袋の口を開けて、けえしら、臭《くさ》あて、和尚さん、

「こりゃあ、寒の風でも夏になったら腐るだがやあ」ちぃって言われたって。

語り手は山根くにさん（明治三十六年生）。昭和六十二年八月にうかがったものである。

この話は関敬吾博士の『日本昔話大成』で調べてみても、どうも見あたらない。筆者は以前、浜田市三隅町でも同類を聞いているので、よく知られた話のように思われる。そうであるとすれば、笑話の「和尚と小僧」譚の中に位置づけられるべきものであろう。

犬婿入り《いぬむこいい》

智頭町波多

昔なあ、ずっと何じゃがなあ、横着《おうちゃく》なお母さんがあって、そうして女の子が一人出来たら、何でもまあ、外へ出て女の子にしっこをひらしたり、うんこをひらしたりしよりゃあ。そうしてまあ、自分はどう始末《しまつ》をするんも憂《うれ》いじゃけえ、犬にその女の子のけつでも、「この子が大きになったら、おまえの嫁にやるけえ、始末してごせえや」そげすりゃ、おけつでも舌ぁ出いてきれいにねぶるけえ、それからうんこの始末でもちゃんとするしして。

まあそうして、まあ、二年たち三年たちしおりゃあ、そんなこともうないじゃけえ、何年もその犬を飼《か》いよったところが、その子は大きになるし、そしてええ娘さんになって。

娘さんじゃけえ、まあ、

「嫁にするじゃ」言うて、嫁さんに、箪笥《たんす》長持《ながもち》を買うて、嫁さんにやろうとすりゃあ、人が迎《むか》えに来られるし、行きかけるというと、そのずっと振袖《ふりそで》に犬が食いついて、どうしても離《はな》さんのじゃけえ、

「こりゃあ、どんなこっちゃろう」言うて、まあ、ほんに来られたお客さんも、迎えに来とられる婿さんって、もう、ほんに大騒動《おおそうどう》してどうするけど犬が行かせようとしないげな。


「ほんに考えてみりゃあ、ほんに、わしゃあ横着なもんで、実はこぎゃこぎゃいうて、長年飼うたこの犬じゃ。それじゃけえ、そりゃあ言うたことがあって、うんこの始末ぅさしうおったがよう」言う。

「まあ、何ちゅうことじゃ。でもしかたがない。それでも、あのう、けだものいうて

も性根《しょうね》のあるもんじゃけえ、しかたがないなあ。そいじゃあ、ま、諦《あきら》めるじゃ」言うて、
まあ、もらわれたうちも諦められるししていた。

そのお母さんもしかたがないじゃけえ、

「それじゃあ、あの、ごっと離《はな》れた山の口に、まあ、こうまい家をして、そしておめえらぁほんなら嫁さんにやるじゃわ」言うて、犬ぅ婿さんにやって。

そうしておるところが、そのまあ嫁さんが、

「何買うてこい」言うて首に書いて、首に結《ゆ》いつけてやるというと、米でも買うてくる。もう、いるもんは何でも買うてくる。何でも店へ行って買うてきて、そしてまあ、長年、二人がたちおられたじゃそうな。

そうしたら、ある男が来て、

「まあ、犬が何でもどらんじゃろう」思うたら、犬がもどらん、もどらん思いよったら、そしたら、その男が、

「あのう、わしを婿にしてごせえ」言うて、そいで、来るけえ、

「うちゃあ、ほんにこぎゃこぎゃで、犬と二人でたちよるじゃ」

「まあ、そぎゃん、ずっとけだものとじゃあなあ、まあ、そげぇおもしろいこともねえじゃけえ、わしを婿ぃしてごせえ」言うて。

そして、そいからその男が、

「でももどらんじゃけえ、しかたぁない」言うて、その男とまあ夫婦《めおと》で、その家をまあ、大きにしたかどうか知らんけど、まあたちおったじゃそうな。

そうしてまあ、次々ぃ子どもも出来るしして、たちよったところが、何にも言やせんししよったら、その男が、

「髭《ひげ》が生えたけえ、ちょっと髭を剃《そ》ってくれえや」

「そうか」言うて、「それなら」言うて、口髭を剃りよったら、ところが、

「ここへ飼うとったあの犬は、もうもどりゃあせんわいや」言うて。

「何でそのことを知っとるじゃ」言うたら、

「あの犬はなあ、うらが殺いたけえ、もうもどりゃあせんわいや」いうて言うたら、そのお母さんがなあ、思わずと持っとる剃刀で喉《のど》を突き刺いてなあ、男を殺いたそうな。そいじゃけえ、昔から言うことじゃ。それこそ、

「七人子が出来ても女にゃあ肌《はだ》ぁ許《ゆる》すな」ということで、おなごのもんが一心《いっしん》に思いつめたらなあ、どんなこってもするけえ、七人の子どもが出来ても男を殺いたとや。

そいからまあ、あのけだものでも、わけのないことは言われんじゃで。何ですわ、お母さんが話しよりました。

それぱっちりです。


語り手は大原寿美子さん（明治四十年生）。昭和六十二年八月にうかがった話である。内容的には数奇なものであるが、昔話の中にはこのようなものも存在しているのである。

庚申《こうしん》の夜《よる》の謎《なぞ》

智頭町波多

昔あるときになあ、大きな分限者《ぶんげんしゃ》のじいさんが、欲《よく》なおじいさんじゃけえ、その隣《となり》に誠《まこと》に貧《まず》しい貧乏《びんぼう》なおじいさんがあって、そのおじいさんの屋敷《やしき》が、自分の家の屋敷続きじゃけえ、まあ、何も惜《お》しいと思うて、まあ、欲なおじいさんで。

「じいおるかえ」言って、

「さあ」言って、

「なんと、今夜、庚申さんじゃし、謎をかけるけえ、その謎を、まあ解《と》いたらうらがたって逃《に》げるし、よう解かなんだらおめぇがたって逃げるとしようや。そいでまあ、謎をかけるけぇなあ。そいで『夜中のケンとかけて何と解く』。それをまあ、一つ言うし、そいから『夜明けのキャロとかけたら何と解く』。それをまあ、なんじゃけえなあ、言うけえ、それをもしもよう解かなんだら、おめえがたって逃げないけんぞ」言うて。

「よしよし、ほんならまあ、そげすうじゃあなあ。まあ、そげえ、じきい言うてもよう解かんけえ、今夜でなしと、明日《あした》の朝まで待ってごしぇえ」言うてなあ、そう言うて謎を解く方のおじいさんが言うたそうな。

謎を解かなくなったおじいさんは、

「まあ、それがこれをよう解かなんだら、まあ、この難儀《なんぎ》な、まあ、小さい家へおってても、ここをたって逃げるいうやあなことは、どこへ行く場もなあに」と思うてまあ、おじいさんが、まあ、思案《しあん》して、まあ、どうしようもないがと思うて、まあ、おじいさんがまあ思案して、まあ、庚申さんを待ちおらぇたじゃそうな。

そうしたところが、そしたら、遅《おそ》うに庚申さんは、もうみんなが寝静《ねしず》まったころぃ金《かね》の杖をついてとっとと、まあ、入ってこられて、

「じい、起きとるか」言うて、

「起きとります」

「待ってくれたか。ああ、よかった、よかった」言うて、まあそれから庚申さんがおじいさんとおって、まあしばらくおじいさんのうちぃおって、

「じい、まあ、いぬるとするけえ、そんなら」言うたら、

「そんなら、うらが送《おく》って行きます」言うそうな。

「すまんな」言うて、まあ庚申さんがいなれたけどな、そしたらまあ、おじいさんがずっと行きよったところが、ずっと犬が庚申じゃけえ、キャンキャンキャンキャンキャンキャンキャンキャンキャンいうて、まあ、犬がずっとせぎよったじゃそうな。ワンワンワンワンいうて。

そしたら、

「ああ、じい。夜中のケン（犬）が鳴きよらあに。夜中じゃで。もう」言うて、その庚申さんが言われて、

「ありがとうございます」言うて、まあ喜《よろこ》んで喜んで、まあ、心のうちにちゃあ、た

いへんにうれしいことで、そいからまあ、ずっと行ったところが、そがしたら、「じい、夜明けのキャエルが鳴きだえたけえ、もう夜が明けるけえ、もういんでもええで」いうて言われて、

「ははあ、これは鶏《にわとり》のことかい」と思って夜キャエル言ったら、

「ありがとうございます」言うて、まあ、おじいさんは庚申さんを送ったそうな。

「ほんならもういね。もう夜明けのキャエルが鳴きだいたら、もう夜が明けるけえ、もういね」

「そうですか。そりゃまあ、なら、ここまでにしましょうかなあ」言うて、まあ、難儀なおじいさん、もどったそうな。

そうしたところが、まあ、もどってみりゃあ、まあ、夜が明けるし、まあ、ずっと分限者のおじいさんも、

「まあ、とってもよう解きゃあせんけえ」思うて、朝とうから、まあ、さっさで来る

ししてから、

「おい、じい、おるかや」言うたら、

「おお、おる」言うて。

「どうじゃ。解けたか」言うて、

「さあ、そいで、夜中のケンとは犬のことじゃ」ちゅう。

「ええ」言うて、

「そいから、夜明けのキャロとは、鶏のことじゃ」言うたら、

「うーん」言うて。まんだその小さい屋敷でも惜しゅうて欲ぅかけたじゃけど、まあ、しかたがないじゃけえ、まあ、

「そうか、ならまあ、約束じゃけえ、しかたはねえわなあ。ほんならまあ、うらがたって逃げるとしようかなあ」言うて、その分限者のじいさんが、そこをまあ、逃げたそうな。

じゃけえ、まあ、欲しちゃあいけんいうことじゃなあ。

そればっちり。

語り手は大原寿美子さん（明治四十年生）。昭和五十五年十一月にうかがった話である。大原さんによれば、この話はお母さんからお聞きになったと話されていた。関敬吾博士の『日本昔話大成』で戸籍を捜すと、笑話の「巧智譚」「業較べ」の中に「庚申侍の謎」というのが、これに該当するようである。

アブの命《いのち》

智頭町波多

昔、あったところになあ、大きな分限者《ぶんげんしゃ》のうちの門《かど》に桶屋《おけや》さんが竹をそずって、そして桶屋さんの道具《どうぐ》をやっと持っとって、そしてあの輪ぁかけ、この輪ぁかけ、桶作りよりましたじゃ。そうしたところがなあ、そいたら、その家のお嬢《じょう》さんが、そこの門へ出とらえたら、そしたら、大きな虻《あぶ》が背《せ》なに来て、背なに食いつくけえ、

「こりゃまあ、ほんに、ちょっとまあ、待てんさいよ。大きな虻が背なに食いついとるわ」言うて、そうして桶屋さんの持っとる金《かね》のセンでその虻をぽんとたたいて、虻を殺したですじゃ。

そうしたら、虻はぽろんとぼろけて落ちるし、そしたところが、今度はその娘もコンと死んで、「何ちゅうこっちゃ」いうことで、ずっと桶屋さんはほんに目を丸うして大

きい声をしてみんなを呼ぶししたら、うちでなあ旦那《だんな》も奥さんも出てくるしして、「こりゃまあ、何ちゅうことじゃ」言うておった。それえ、あれこれあれこれ、医者じゃ何じゃ、いろいろ薬じゃ医者じゃいうてするけど治《なお》らんし、息がもどらん。どぎゃあにもいたらんじゃけえ、それから、

「どがなことじゃったいや」

まあ、ごつい桶屋さんを責《せ》めて、

「こんなことをして、どげするじゃ。うちの子の娘を、ほんに、殺してどげえするじゃ」言うて、ごつう責められて、ほんの何の断《こと》わりをしてすむことでねえし、ほんに断わりをしたってすまんし、どげえしようもねえしして、桶屋さん、ように青《あお》けて困《こま》っとったとこへなあ、六部《ろくぶ》さんが来られてなあ、

「何しおれるじゃ」言うたら、みんな、

「こげえこげえで、うちの娘がこの門へ出とったら、虻が背なへ食いついとるいうて、この桶屋さんがなあ、あの、何じゃが、桶屋のセンを持ってひどう背なをたたいたけ

え、そのころんと虻も死ぬるけえ、虻は取れたけど、この娘を殺いてしもうたい。そいで、ずっとこげえ言いよるところじゃい。さあ、桶屋さんが頼《たの》まれるじゃ、ほんに、その何ぼう断わりをしたってすむことじゃあないし、ほんに困っとるじゃ」いうて言うたんじゃそうな。そうしたら、その六部さんがなあ、

「まあ、待てんしゃい。待てんしゃい。そりゃあ、夕べこうして回りよったら、どこに泊《と》めてもらおうと思うても宿がなあて、あそこへ泊めてもらおうと思うても宿はなし、まあ、今夜、ほんにどぎゃあしようなあ、思いよったら、まあ、ここい地蔵さんがおられるけえ、六体地蔵さんがおられるけえ、この後ろへしかたはねえ、この地蔵さんを頼んで、『地蔵さんの後ろへ一夜の宿を貸《か》してつかあさい』言うて、ずっと拝《おが》んで、一夜の宿を借りて、お地蔵さんの後ろへ泊まっとったところが、そしたら、『どこにお産《さん》があるけえ』言うて、その手の神さんにせえ、足の神さんにせえ、もう、体いっさいの神さんが寄りおうて、何でもお産をさせられるじゃ。その、お産をしたときに何という家の何という娘にゃ、何歳まで寿命《じゅみょう》をやるけえ、そいじゃけどかわいそうじゃ、明日《あす》ま

でじゃがなあ、あのうちの一人娘のお嬢さんは、明日ぎりで寿命がすむじゃがなあ、言うて、かわいそうじゃなあ、言うて地蔵さんが話しおれた。それを聞いた」いうて、その六部さんが言うた。

「そいじゃけえ、これはしかたがないで。だれの寿命も知らんけど、これはちゃんと神さまが今日死ぬまで寿命をごしとられた。『かわいそうじゃなあ』言うて六体地蔵さんが話しおれた」いうて六部さんが言われた。そうしたら、

「どうしようもない。そうか、そうか、いや、そのことはなあ、だれも知っとるじゃ。先のことはちょっとも知らんけど寿命はなあ、神さんがいつまで、いつまでいうことはなあ、ちゃんと生まれたおりにごされるんじゃけえ」言うて、奥さん、旦那さんがなあ、諦《あきら》められて桶屋さんに罪《つみ》はなかったとや。

それぱっちり。


語り手は大原寿美子さん(明治四十年生)。昭和五十四年十月にうかがったものである。大原さんはこの話を「お母さんから聞いた」と話しておられたが、関敬吾博士の『日本昔話大成』で。その戸籍を調べてみると、これは本格昔話の中の「産神問答」の変形したものと考えられるのである。

そら豆《まめ》の腹《はら》が黒糸《くろいと》で縫《ぬ》われたわけ

智頭町波多

昔なあ、おばあさんが食べることをしよって、そうして炭《すみ》をおこさんなんじゃけえ、炭を取りに行ったところが、炭が庭《にわ》へころころっと一つ転《ころ》んでおって、

「炭、一つぐらいどういうこたぁないわ」思うて、それをほうけといておいて。

それからまあ、今度ぁまあ、豆を取ってきて……。

「豆を取ってこう」思うたら、また、そら豆がまた、ころころっとまた落《お》ってきて、

「まあ、一粒ほどまあ、まあどうでもええわ」思うて、おばあさんも、それも気にせずして、そして、まあ、豆をしかけて。

大きな藁《わら》を取ってきて、まあ、火ぃ焚《た》こう思うて、藁ぁ抱《かか》えて来おったところが、藁が一本すーっとすぼけて、その藁もまあ、

「藁一本どまぁよけ持っとっじゃけえ」と思うておばあさんの気にせずと、そうして藁ぁ焚いて、まあ、豆を煮《に》おったところがなあ……。

そげいたら、炭が、

「これからほんなら旅行《りょこう》しよう」いって言い出いたら、豆がそこに転んどる。炭が落ちとる。そいから藁が落ちとる。

「まあ、ええ連れじゃ」こりゃあ同しように三人が、

「みな三人、行こうで」言うて、三人が行きよったところが、みんなよっぽど仲良《なかよ》うに、喜《よろこ》んで、まあ、ずっと眺《なが》めて話して行きよったところが、ちょっと小川《こがわ》があって、そこをまあ、だれもよう渡らんし、

「まあ、どげしたもんじゃろうなあ」言うて相談《そうだん》をしよったが、

「そりゃまあ、ええ考えがある」

「まあ、そりゃまあ」、藁が長いじゃけえ、

「そこいまあ、おらが長うに橋《はし》をかけるけえ、わしが橋をかけるがなあ、そこを渡れえや」言う。

「まあ、そりゃあおめえが橋をかけてごしたら、そりゃあええなあ」言うて、それからまあ、ずっと今度ぁ、

「だれが先い渡ろうなあ」言やあ、炭が、

「渡る」言う。

まあ、そげすりゃあ、豆が、

「わしが先い渡る」言うし、まあ、競《せ》り合《あ》いになったけど、まあそいでもとうとう炭が、まあ、はばぁして、

「わしが渡る」言うて、そこを渡りよったところが、しかたがないじゃけえ、そうして炭が渡るのを、まあ、豆は見とるしした。

ずっと行きよったまん中どころになったら、

「熱い、熱い、熱い」言うて、藁がかなわんようになって、ずっと見よったら、しか

たがないじゃけえ藁ぁ焼けきれるし、そぎゃったら、炭がどさーんと落ちて川の中へ入ったけえ、ジャボーンとして、

「シューン」言うて、炭も藁もまあ、水ぃ入って川へ流れてしもうて、そうしたらまあ、そら豆がおかしゅうて、おかしゅうてこたえんもんじゃけえ、ずっと大きな口を開けて、ずっとげらげらげらげら、ずっとそら豆、それこそ罰《ばち》ぅこいたぐれえで、ずっと、

「よかった、よかった」て言うて、大きな声をして、笑いよった。

　そしたら、そら豆のずっと口がごつう裂《さ》けて、大きな大口ぃ裂けて、そしたら、まあ、それこそ口がつぼまらんようになって、
　そうしよったら、向こう見りゃあ、裁縫屋《さいほうや》さんが来よられて、

「まあ、どげぇなことじゃいや」

「こぎゃこぎゃで、こげなわけで、わしが笑いよったら、口が裂けてこぎゃになったいや」

「よしよし、そりゃ口が裂けたら、そりゃあどぎゃもなるめえ、そりゃあ涙《なみだ》も出ょう出ょう」言うて、

それから、裁縫屋さんが黒い糸の通った針を持ってきて、そして口を縫《ぬ》うてやって、そして、黒い糸が、そねい残ったとこがそら豆の、あの芽の出るとこがなあ、黒いじゃとや。

そればっちり。

……………………

語り手は大原寿美子さん（明治四十年生）。昭和六十二年八月に聞かせていただいた。大原さんによれば、この話はおばあさんのつやさんから聞かれたものとのことだった。

天狗《てんぐ》の隠《かく》れ蓑《みの》

智頭町波多

昔なあ、あったところになあ、まことに博奕打《ばくち》ちがなあ、博奕を打ちよったところが、そしたら、ずっとみんな取られてしもうて、ほんに褌《ふんどし》一つになって。

そいから、まあ、褌一つじゃけえ、まあ、どぎゃあしようもないし、そっだけえ、あの山には天狗さんがおられて、あの山には上がられんとこだ。あそこに上がったら、天狗山の、上がったら、あの峰《みね》に投げ込まれる言うて、まあ、みんな恐《おそ》れるところいなあ。

あの山に上がって、そいから天狗の山の、そこにまたがって、そして、まあ、自分の商売道具《しょうばいどうぐ》じゃけえ、サイコロ一つ持って、サイコロころころっと転がしちゃあ、

「ああ、大坂《おおさか》、大坂、大坂が見える。大坂が見える。大坂が見えた」言う。

また拾うちゃあ、ころっと転がしちゃあ、

「ああ、江戸《えど》じゃ。江戸じゃあ。江戸が見えた。江戸が見えた」

また、転ばしちゃあ、「大坂じゃあ」「京都《きょうと》じゃあ」言うて、ずっとごつう一人で喜んどったら、天狗山の天狗さんが出てこられて、

「おまえは何ちゅうええもんを持っとるじゃ、そりゃほんに見えるだか」

「ほんに見える見える。ほんに見える」言うたら、

「ほんなら、まあ、わしは隠れ蓑と隠れ笠《かさ》と持っとる。それと替《か》えてくれんか」

「そりゃあ、替えてあげる」言うて、

「ほんなら、これと替えよう」言うて、替えたが最後、その丁半天狗へあげて、隠れ蓑と隠れ笠と持って、ずっととんでもどって。

そうしてまあ、「もどったわ」言うて、昼間働いといて、晩は隠れ蓑を着て、隠れ笠かむって、飲食店へ行って、茶屋とか飲み屋とかへ入っちゃあ、ご馳走《ちそう》が出とるのを、酒も飲み、ご馳走も食い、ご飯も食いとすると、みな平らげてしまう。まあ、ほんに、

この燗子《かんし》もあの燗子も空になる、いうようなことで、毎日、そげしてたちよったところが、そいた、その働きい出とる間へ、お母さんが箪笥《たんす》を開けて、「箪笥の掃除をしよう」と思うて見たところが、汚《きたね》え破れたような笠と蓑と古い古いのが、笠と蓑と出たけえ、「こりゃまあ、何ちゅう汚いものを、ほんにお父っつあんは入れとられるじゃろう」思うて捨てて、捨てたはいいが、焚《た》いてしもうたそうな。

そいから、博奕打ちがまあ、もどって、腹ぁ減ってもどって、また、今日も出ようと思って箪笥開いて見たところが、隠れ蓑がないもんじゃけえ、なんぼ捜いてもないし、「おい、おまえ、知りゃあせんかや」言うたら、

「ああ、そりゃまあ、何ちゅうもんを入れとるじゃろう思うて、何じゃわ」

「どこへ捨ててきたじゃ」

「あそこへ捨てたけど、火をつけて焼いてしもうた」

「うーん。何ちゅうことをしたじゃあや」言うて、そこへ行ってみて、それからまあ、

その灰をちょっと手に塗《ぬ》ってみたところが、そうすりゃ手がちょっとも見えんしする。「こりゃまあ、ええことじゃ」思うて、そいからまあ、手に、体中にどっこにも塗って、そして出たところが途中《とちゅう》で、しっこがしとうなって、そしてまあ、しっこをしたところが、濡《ぬ》れたら灰じゃけえ落ちてしもうて、そいでそこだけ出てしもうて、それから、何も知らんじゃけえ行って、飲み屋からずっとご馳走が出とる。酒から肴からご飯から出とるのを、まあ、片っ端から、まあ、酒を飲んで行く。そうから肴《さかな》を食うて行く。ずーっとして、しおったら、「そりゃ天狗が出た。天狗が出た。まあ、みな平らげる」言うて、ずっとそこから飲みおったところが、みんな逃げてしもうて。

まあ、知らんじゃけえ、まんだ何ぼうでも食うていくし、しおったら、そばの方から見おるところが、何じゃかぶら下がっとるけえ、

「こりゃ何じゃ、ありゃ天狗さんじゃあないぞ、ありゃ人間のものじゃぞ。こりゃ人間のもんじゃ、人間のもんじゃ」言うて寄ってたかって、

「もう懲《こ》らしめなぁいけん」言うて、大勢《おおぜい》が寄ってたかってみりゃ、まあ、灰がはげたら人間じゃ、とうとう縛《しば》られたとや。

そればっちり。

語り手は大原寿美子さん（明治四十年生）。昭和五十四年十月にうかがった話である。この話は母の親である「中ごうらのおじいさん」から聞かれたものという。笑話の中の「誇張譚」に「隠れ蓑笠」として戸籍のある話である。

幽霊《ゆうれい》の飴《あめ》買《か》い

智頭町波多

昔あるところになあ、ある村にお父さんとお母ちゃんと娘さんが一人あってなあ、「一人娘がまあええ娘になったじゃけえ、婿《むこ》さんを取ろう」いうて言いよったが、どんな具合じゃ知らんが、娘さんが大きな腹になって、そして、まあ、「こんな大きな腹ぁしとりゃあ、もうどぎゃあにも婿はねえし、まあ、これじゃあ困《こま》るじゃけえ」言うて、まあ、「ままぁ食わせなんだら、中の子が死のうけえ」思うて、

その親のことを考えずと中の子が死ぬることばっかりお父さんとお母さんとが思うて、何日もご飯を食べさせず、まあ、腹は、まあ、小もうもならん大きゅうなるじゃしして

おったところが、娘は内で子どもは養《やしの》うても、どうしてもまあ、自分が食べさしてくれ

んもんじゃけえ、とうとう死にましてなあ、そいたら、お父さんとお母さんとが、まあ、しかたがないじゃけえ、泣きの涙で野辺《のべ》の送りをしたじゃそうな。

そしたところが、ある飴屋に夜になると、一文銭《いちもんせん》を持って、そして飴買いい出るけえ、一文銭を出しゃあ、まあ、飴ひとつか二つか知らんけれどやったそうな。

「ありがとう」言うて、そのええ娘さんが帰って行くそうな。

そうして、また毎日、その一文銭持って出よったそうな。

まあある一定の六文がすんだら金がないじゃけえ、桐《きり》の葉を持って……桐の葉を持っちゃあ出るけど、まあ、そうして寝るおりにみんな寄りようて、そして算用《さんにょう》するじゃそうな。

「まあ、木の葉がついて出とるわ」いうようなことで、まあ、「木の葉じゃ」言うて桐の葉、捨《す》てる。

また明くる日も、また、

「桐の葉ついちょるわ」言っちゃあ捨てる。あんまりも何日もたつうちに気づいて、

「こりゃあ、本当にまあ、エエマチの桐の葉じゃないがよう、エエマチの木の葉じゃないがよう、こりゃあ何か……」。

昼のうちにゃあ出ずと、娘さんが日暮《ひぐ》れぇなってから飴買いぃ出るなあ、

そして飴ひとつ買うてよけいは買うていなんけど毎日買いに出る娘さんがある。

そこの番頭《ばんとう》さんが、

「こりゃあ不思議な、まあ、わしゃぁあの娘さんの後を追うてみたる」言うて、

その番頭さんが後を追うて行ったところが、その一人娘の死んだ新墓《にいはか》の前へ行くという
とことっと消えてしもうて、とっとのうなる。おらんようになるし、
「まあ、えらいことじゃ、ほんにこりゃあ、あの新墓からこの娘さんは出よるがよう」
言うて、
そうしたら、まあ、それこそ村から町から大評判《だいひょうばん》になって、
「そんなに評判になった。まあ、そぎゃんことじゃったら、まあ、掘《ほ》り返《かえ》いてみよう」
いうことになって。
まあ、親戚《しんせき》なら、そのうちの人が掘り返いてみたじゃそうな。そうしたらその娘さん
は、真っ黒うなって、まあ、死んどるじゃけえ、真っ黒になっとるけど、その真っ黒う
なったもんが、そのやや子はずっとまるまる太って、よーう太って、そのまるまる太っ
た赤ちゃんが、飴を握っとったじゃそうな。
「はーあ、こりゃあ幽霊でも子はかわいいもんじゃなあ」言うて、その幽霊が子ども

を育てて、そぎゃしてまるまるしとったいう子どもがなあ、生きとったいうことですがよう。まあ、それで、それぱっちりですけどもなあ。

語り手は大原寿美子さん（明治四十年生）。昭和六十二年八月にうかがったものである。関敬吾博士の『日本昔話大成』では、本格昔話の「誕生」の中の「子育て幽霊」として話型が登録されている。この話は各地でよく知られているが、この昔話が伝説化して各地固有の伝説になっていることが多い。かの小泉八雲（ラフカディオ・ハーン）も、松江市の中原町の大雄寺に伝えられている伝説「飴買い幽霊」を取り上げており、助けられた子は後に名僧になったとしているので、当地では松江市独自の伝説であると思われているが、実際は類話の一つなのである。

桃太郎《ももたろう》

鳥取市佐治町尾際

昔々あるところになあ、おじいさんとおばあさんと仲ように暮らしとったところうが、毎日おじいさんは山へ柴刈《しばかり》に行くし、おばあさんは川に洗濯《せんたく》に行くし、毎日毎日おんなしように仲よう暮らしとって。

おばあさんがある日のこと、川に洗濯に出たら、洗濯しておるところに、上《かみ》の方から桃がごろりんごろりん流れてきたのを、おばあさんが、それを見つけて、

「大きな桃が流れてきたけえ、拾《ひろ》っていんでおじいさんと食べよう」言って拾ってもどって、おじいさんが山からもどるのを、

「毎日山に行くおじいさんを、昼にもどってくるだけえ、もどってきたら食べよう」

と思って、まな板出したり、包丁出したりして待っとったら、おじいさんがその日にゃ、

木をよけえ、ええ柴があって、たくさん負うて、ええよっこらよっこらもどってきて、「ああ、おばあさん、ええ柴があったけえ今日は昼が遅《おそ》うなった。飯にせえや」と言ったそうな。

おばあさんは、

「はいはい、今日は飯じゃあない。ええもらいもんがあるけえ、桃を拾っとるけえ、それを先に食べよう」て言って、自分が拾ってきた桃をまな板へ乗せて、そげして、まあ、桃を切ろうとしたら、おばあさんが。

「おばあさん、待って。おばあさん、待って」言って、三声《みこえ》ほど中から声がするので、おじいさんとおばあさんは不思議《ふしぎ》に思って待っとったら、桃がひとりでにぽかーんと割れて、中から大きなよう太ったいい男の子が生まれて、中に入っとって、おじいさんやおばあさんはびっくりして、

「これはなんちゅうことだ。珍《めずら》しいことだなあ」。おじいさんは言うし、おばあさんは、

「こりゃあ、神さんの授《さず》かりもんだ。まあ、だいじに大きにしたろうで。わしらに子

どもがなかったけえ、神さんが授けられただ」言って。

おじいさんとおばあさんがかわいがって毎日、だいじにだいじに育てて行きよったら、大きゅうなっておじいさんの柴刈りについて行って、柴を刈ったり、それのおじいさんと二人で元気出して手伝《てつだ》うそうな。

それから、川におばあさんが出るときには、川に出ておばあさんの洗濯を眺《なが》めたり、とてもおとなしい力持ちのいい男の子だったが、そうしたら、ある日のこと、「大きな若衆になった。ええ若衆になって力持ちだし」言っておじいさんが、喜んどるところに、

「鬼がどこだ、人を食いに出るっていうようなところがあるだげな」っておじいさんが聞いたら、桃太郎が、それを、

「おじいさん、どこにそげなもんがおるだ。鬼っちゃあどんなもんだ」って言うけえ、おじいさんが、

「鬼ちゃあな、角が二本生えて、大きな顔をして口が耳のところまで裂《さ》けてああわな。大きな鬼が人を食ったり、悪いことをしたりするだ。だけえ、恐《おと》ろしいもんだけえ、そげなもんのところへ近づかれんだけえ、『夜ぉさり泣くちゅうと鬼が出る』ということを言うだで」てって桃太郎さんに教えたそうな。

そうしたら桃太郎は、

「そげなものを、人を食うやぁな悪い者を退治《たいじ》せにゃあいけん」言って、桃太郎さんが、鬼が島に鬼を退治に行くようになって。

そいでおばあさんが弁当に、

「何にもご馳走《ちそう》がないけど、弁当に黍《きび》をよけい作っとるだけえ、その黍団子《きびだんご》をして持って行かせよう」。おばあさんがごりんごりん臼《うす》う挽《ひ》いて、そうして黍団子を作って、そうして、

「これが今日の分、これが明日《あした》の分」。そいで一日分づつ別々に包《つつ》んで、おじいさんやおばあさんが見送って、門《かど》へ出て見送って、そいで、

「元気でもどってこいよ。元気でもどってこいよ。鬼に負けんなえ」ちぃって、おじいさんが元気出いて力づけて。

そうして桃太郎さんが行きよったら、雉《きじ》が出てきて、そして

「お供にしてくれえ、そのお腰《こし》につけた黍団子を一つわたしにください。お供をします」って。そいで黍団子をやったら、そいで雉がついてくる。

そうしよったら、犬がおって、犬が、

「桃太郎さん、お腰につけた黍団子をひとつください」

「わたくしはここの黍団子をやるけど、家来《けらい》にならにゃやらんぞ」

「そんなら、家来にしてください。なります」って黍団子を一つもらってお供になった。そいでお供について行きもって、

そうしよったら今度は猿が出てきて、犬と猿はよう喧嘩《けんか》するもんだけえ、人間でも犬と猿っていうもなあ、それこそ喧嘩をようするだ。そいだけえ喧嘩をようしてこたえん

けえ、

「こんな喧嘩するもんはこらえん」てって、桃太郎さんが怒《おこ》ったら、そうしたら猿の方が、

「なら、その黍団子をやってください」。

桃太郎さんが、

「なら、お供になれ。そしたらこの黍団子をやるけえな」

そして黍団子をやったら、今度は犬と猿とでも仲ようなったそうな。

さあ、今度ぁ仲よく三匹と、桃太

郎さんが大将で行きて、鬼が島から鬼を攻めて、そして鬼を降参《こうさん》さして、宝物をようけ取ってもどった。宝物は何があっただろうていやあ、おまえらぁがや子どもだけえ知らんけど、珊瑚《さんご》ちぃってなあ、えらいきれいな枝のついたもんだったわいや。ここいらにゃあ珊瑚ちぃやあなものはなかなか見れんわいや。て、おじいさんがよう言って話して聞かせよりましたが、それでまあ、桃太郎さんが珊瑚を、いろいろな宝物を車にいっぱい積んで持ってもどったら、そうしたら村の人がびっくりして迎えに出て、「万歳、万歳」言って、村中の者《もん》にその宝物を見せたりやったりして喜んだとさ。

そればっちり。

語り手は福安初子さん（大正四年生）。昭和六十二年八月にうかがった。福安さんの話ではこの話は祖父の福安伊蔵さん（初子さんが十九歳のおり死去された）から、子どものおり、よく聞かされたという。

猿《さる》の生《い》き肝《ぎも》

智頭町波多

昔なあ、まあ、竜宮《りゅうぐう》の乙姫《おとひめ》さんが病気したりしてなあ、そして、あれこれ用《もち》いるけれど、

「これは猿の生き肝でなけにゃ治らん」いうことでなあ、

そしたら、

「まあ、猿の生き肝を取ってくるにゃ、だれを頼《たの》もう」

「まあ、亀がよかろう」いうことになってなあ、

そいでまあ、亀を頼んで、そしてまあ、そいから亀がその陸へあがって、そして松の木に猿がおったけえ、

「おまえは山ばっかりおって、ちっともまあ、海の底ぅ知らんじゃけえ、竜宮いうと

こを見たことがない。竜宮いうとこを見たかろうが」言うたら、

「見たい。そりゃあ」言うたら、

「ほんなら、まあ、連れていってあげるけえ、うらの背なへ乗れ」言うたら、猿が背なへ乗って、竜宮に連れていったじゃそうな。そうしたところが、ずーっと出迎《でむか》えをしとるし、女中さんあたりが大勢《おおぜい》出迎えをしとったそうな。

そいからまあ、竜宮へ行ったところが、いろいろなまあ、ずっと魚の舞いから、ほんにいろいろな踊りから歌からまあ、ごつうにもてないて、見たこともないような、ずっと魚のご馳走《ちそう》になって、そうしたところが、猿が腹をこわいて、そして病気したじゃそうな。そしてまあ、便所へ起きたところが、

「猿のばかめ、猿のばかめ、猿のあほう、明日《あす》は生き肝抜《ぬ》かれるぞ」言うて、クラゲが、まあ、子守歌でうたいよったそうな。

そしたところが、

「こりゃ、まあ、えらいことを聞いた。何ちゅうえらいことを……ほんにどぎゃしっ

たもんじゃろう」思うて、

そいからまあ、

「寝るどこでも何でもありゃあせん」思うて、どうぞこうぞ夜が明けると、まあ、亀のとこへ行きて、ずーっと泣くじゃそうな。

「何でおまえは、そげえ泣くじゃあや」言うたそうな。

猿は、

「いんや、えっと、うら、悪いことをして、陸の浜辺の松の木の枝へ生き肝を干《ほ》いといたところが、夕立《ゆうだち》が来そうげで、夕立が来たら濡《ぬ》れるじゃろう思やぁあ、ほんにずっと、どげぇしょう思うて、ほんに悲しゅうてこたえん」言うて泣くじゃそうな。したら、

「何をそげなことを悲しむことがあるかい。また、うらの背なへ乗って、そぎゃして、そぎゃな、まあ、生き肝を干いとるじゃったら、じきぃ取ってくりゃええじゃ。その生き肝がまあ、たいへんにほしいんじゃけえ」。

そが言うて、まあ、亀が言うもんじゃけえ、そいから、

「ほんなら、まあ、乗してぇ」言うて、そいで猿が亀へ乗って、そしてまた、海へずっともどって、、そぎゃして、そいから陸へ上がると、じき、猿はごそごそっと松の木の枝《えご》へ上がっとって、何ぼしても下りてこんもんじゃけえ、

「早う下りいや。もう取ったろうな。もうずっと、もう持って下りいや」いうて亀が

まあ、言うのじゃそうな。

「何がずっと、そげぇな、そげぇな下りたりするじゃあや。猿の生き肝や何やおって、うらぁ生きちゃあなんや、おられせんや。あほう言うたって、猿の生き肝や何や、そげぇな取ったり干したりするわけのもんじゃあない」いうて言うしして、それからまあ、そぎゃんことを言うじゃけえ、しかたぁない。まあ、亀はもどるし、そいから、まあ、石ゆういっぱいこと持って上がっといて、亀の甲に何のかんのはない小石を投げたもんじゃけえ、そいでまあ、亀の甲は割《わ》れて、そぎゃしてもどって、そいやして、まあ、

「こぎゃこぎゃあじゃった」いうやあな、たいへんに叱《しか》られるし、クラゲは、まあ、そんで、大きい骨は抜かれるし、まあ、小骨は溶けるしするようなこって、クラゲは骨

はのうなるし、そがして叱られたとや。

そればっちり。

語り手は大原寿美子さん（明治四十年生）。昭和五十五年十一月にうかがった。これはどなたにもおなじみの話であろう。

音羽《おとわ》が滝《たき》のオトンジョロ狐《きつね》

智頭町波多

あのなあ、音羽が滝いうてなあ、何でも狐が出る。狐が出て、どうしてもあそこはだれでもだますが、坊主《ぼうず》にするのをいちきり坊主にする……。

「狐が坊主にするじゃ」いうていったから、長兵衛《ちょうべえ》だかいうもんが、

「うらは元気なもんじゃ、うらはだまされやせん。なんぼオトンジョロいう狐でもだまされやせんけん。音羽が滝、オトンジョロが出るいうけどだまされりゃあせんけえ」

「ほんなら、まあ、おまえ行ってみい」

「ほんならまあ、行ってみる」言うて行った。

ところが、ずっと音羽が滝の下からオトンジョロがずっと狐が、アマミドロを被《かぶ》りゃ

あきれいになり、またアマミドロを被り、またアマミドロを被りゃあ、きれいになりしよったか思ったら、子どもを産んで、

「オトンジョロが子どもを産んだわ」思うて見ておったきれぇなええ娘に化《ば》けた。

「さあさあ行こうで。おじいちゃんとこに行こうで」言うて、その子どもを負うて、そうしてとっととっと行く。

まあ、長兵衛はこの後つけてみたらと思うて、この後つけて……どこへ行くだろう思うたら、自分の一人の長兵衛の叔父さんところへ来るけえ、そいから、来て、

「まーあ、叔父《おじ》さん、こら、音羽が滝のオトンジョロいう狐じゃで、こりゃあ」

「そんな狐が子どもを産んでいうて、何が産むじゃあ、こりゃうちの娘だ。うちの娘が初孫《はつまご》を負うて来とるに、何ちゅうことを言うじゃ」言うて、

「そがなことがあるもんか。まあ、ほんに叔父さんまでだまされて、何ちゅうことじゃ」言うて。言うてすりゃあ、そこでせりあいになるけど、

「ほんなら、まあ、殺れえてみたら分かるだでほんなら、ま、殺いてみたろう」

「初孫やなんや、何で殺されるじゃ」言うて叔父さんが怒《おこ》るで。
や、それでも殺いてみたろういうことになって、
それから、まあ、囲炉裏《いろり》に鍋《なべ》にいっぺえ湯をかけて、湯をわけえて、そうして、その狐のいい子に湯をかぶしたところが、ぐうっと湯をかけたら死ぬるわ、死んでみりゃあ、あんのたま、人間の子だそうな。
「こりゃあどげしようもない。人を殺えたら殺えたる。殺いたるけえ、聞きゃあせんけえ、殺えたる」言うて、叔父さんも元気を出すし、いい娘の、その家の娘じゃけえ、
……しよったところが、
門《かど》へ坊さんが来られて、ごとごと入ってきて、
「何をせりかえするじゃ」言う。
「いんや、これが音羽が滝のオトンジョロいう狐じゃけえ、そぎゃんざま言うじゃけえ、そいだけえ、そんなら殺いてみたろう、言うて殺いたところが人間の子で、どげっしたてこらえらせんだけえ、初孫を殺えてて、叔父さんも元気を出すだけえ……」

「そうか、そうか、そりゃあほんに悪い、そりゃあ悪いことじゃけど、これを、長兵衛を殺えてみたところで、その子どもが元へ生きもどりゃあせんじゃけえ、まあ、取り合えず、うらの弟子《でし》にごしぇ、まあ、小僧にごしぇ……」

「坊さんが中へ立たれるじゃけえ、腹は立つけどしかたはねえ、ほんならまあ、坊さんの小僧にやるじゃ」言うて、小僧にやった。

小僧にやったら、すぐ髪を下ろさにゃいけん。そこへまあ、剃刀《かみそり》を持ってきて、そこへ頭をたらたらと坊主にして、そうしてみたら、ふっと目が覚めたようになって、

「なんじゃ、ここは家でも何でもありゃあせん、ありゃ、何ちゅう叔父さんの家でもないし、まあ、そりゃだまされりゃあせん言うよったが」言うたら、みんなが長兵衛の頭のところを見て、

「おまえの頭を見いや。なるほどほんに坊さんになっとるわい。やっぱりオトンジョロはようだますなあ。今度は坊主にするいうことじゃったが、坊主ぃほんに、何でもだまいたな」

そればっちり。

語り手は大原寿美子さん（明治四十年生）。昭和五十四年九月にうかがった話である。関敬吾博士の『日本昔話大成』を見ると、本格昔話「人と狐」にある「尻のぞき」というのと「髪剃狐」の二つが合体しているのが、この戸籍にあたるようである。

鶴女房《つるにょうぼう》

智頭町波多

昔、あるときになあ、若い男がなぁ、田圃《たんぼ》をしよったところがなあ、鶴がひらひらひらひらひらひらひらと、空から舞《ま》い降《お》りてきてなあ、それからぱったり落ちて、そいからまあ、ずうっとその男のとこへひらひらっと来るもんじゃけえ、

「まあ、おまいはどげしたことじゃいや」言うて、その鶴ぅひょっと見たというと、そして羽《はね》を開けて見るというと、ハゴ羽の下にい矢《や》が刺《さ》さっとってなあ、

「ああ、そうか、そうか、これでおまえがほんに人がたっても、ようたたなんだ。そうか、そうか」言うて、その矢を取ってやって、

「もうなあ、これでなあ、猟師《りょうし》や何や見つからんとこへたって逃《に》げえよ」言うて、そうして放《はな》いてやったら、また舞い上がって、一口まあ、お礼の言葉のように、「ガア」

いうて声をたって、鶴がなあ、逃げてしまって、それから、その男は、ずっともどって、また毎日田やら畑やら出ておったところが、ある日の晩にもどってみたところが、それから、かわいい娘が来とって、

「今夜、泊めてほしい」いうて言うたそうな。

「泊めちゃああげるけど、何にもないで」言うて、

「食べるもなぁ、ほん、貧乏人《びんぼうにん》じゃけえ、何にもないけどなあ」言うたら、

明くる日になってから、

「この家の嫁にしてごしぇえ」言うて、

「嫁にするいうたって一人口ようやく、ように食べるもんがなえがよう。なかなか嫁を養《やしな》うことはできんがよう」言うた。

「いんや、米なんか、わしが持ってくるけえ」言うて、早速《さっそく》いい小袋《こぶくろ》から出いてな、米をといでご飯を煮《に》る。そいからおついも煮るしして、そいからまあ、食べさせるもんじゃけえ、

まあ、嫁にしとったところが、都合《つごう》よう、そねえ食べるもんも作るじゃけえ、都合よく行くししよったが、

「ほんに機屋《はたや》がほしい。機を織《お》るところ、小さいもんでいいけに建《た》ってごさにゃええになあ」と言うんだそうな。

「まあ、それならほんじゃ。がいなぼろ屋が一つぐれぇあったっていけんだけえ、機屋ぐらい建てるわ」言うて、小さい機屋を建ってやったら、まあちゃんちゃんちゃんちゃん、毎日毎日、オサの音をさせて織るけど、

「うらがここへ機屋へ入ったら、とても見んやにしてつかあさいよ。七日のじょうはちょっと見られんで」

「よしよし」言うて、七日を待っとったらきれいな布を織って下ろいて、

「まあ、ほんに、これが何かや。錦《にしき》いうもんかや」言うたら、

「まあ、そねぇなもんじゃなあ」言うて、

「これをなぁ、町へ持って出て売ってきんさい。百両《ひゃくりょう》にはなるけえなぁ」

まあ、とひょうもない大きな金のようなことで、「百両」て、まあ、言うて持って出て、そしてまあ、呉服屋《ごふくや》へ行って話したというと、「そりゃあ、まあ、たいしたもんじゃ、これ。たいしたもんじゃけえ、もらう」言うて買うてくれたので、男はもどったそうな。

そいからまた組み立てて、その機屋へもっていって、またオサの音をさせて織りかけて、

「織り上げるまではのぞきんさんなや」言うたら、

「よしよし」いうて言いよったけど、三日ほどしてから、見とうてこたえんような気がしだあて、ちょっとのぞいてみたところが、鶴が、ほんに自分の羽を抜いちゃあ織り抜いちゃあ織りみなそがあして、ほんに哀れな姿になって織っておった。

そうしたら鶴がジョギジョギ織りよる機を切って、そうして持ってきて、

「わしゃなあ、正体《しょうたい》を見られたけえ、もうこの家におられんけえ、この布はわしじゃ

思うていつもたいせつにして、そして置いといてつかあせえよ」言うて、

「わしゃ助けてもろうた、ハゴ羽の下へ矢が刺さっておったのを助けてもろうた鶴じゃったけえ、そいじゃけえ、長いことお世話になりました」言うて、ひらひらっとたって上がったそうな。それぱっちり。

語り手は大原寿美子さん（明治四十年生）。昭和五十四年十月にうかがった話である。

サル地蔵《じぞう》

智頭町波多

昔、あるときになあ、おじいさんが畑を打ちい行ってなあ、そこで、

「何じゃで、ばあさ、ばあさ、うらはなあ、畑を打ちい行って、そして、何じゃけえなあ、座《すわ》っとるけえ、それに糊《のり》を煮《に》て頭からかぶしてごせえや。そげしたら、ほん、お地蔵さんのようなけ、そげしたらなあ、何じゃけえ、みんながええもんすえてごすけえ、そじゃけえ、お地蔵さんになってみるけえ、こぎゃあ難儀《なんぎ》なじゃけえ」

「よしよし、おじいさん、そら、ほんなら、まあ、そげえするけえ」言うて。

「ほんに難儀なじゃけえな、おじいさん。ほんにお地蔵さんの真似《まね》をしても、そいでも食べて行かにゃいけんじゃけえな」言うて、おばあさんが、糊ぅ煮て、そぎゃして糊を頭からずぼっとかぶしたら、ずっとおじいさんの頭から、真っ白《しれ》え……なって、そう

したところが、ずっとサルがやっと出てきて、

「おい、何じゃ、ここに白子《しらこ》地蔵さんがおられると見え……」

「まあ、白子地蔵さんがおられるけえ、ほんに何じゃわい。何ぞかんぞええもんを持ってきてすえよう」言うて、あれこれあれこれと持ってきたいうて。

まあ、サルたちちは、ほんにええもんを……　食べるもんから、お金からいっぺえ持ってきてすえるもんじゃけえ、そしてまあ、何じゃった。

それから、おじいさんはサルもいぬるししたけえ、まあ、晩になったけえ、そいで、お金をまあ、みんなもろうて、そがして、まあ、もどって、

「おばあさん、おばあさん、地蔵さんのおかげがあった。ほんに、こげんよけい、いいもんもろうて。餅《もち》も菓子《かし》も、ほんに何じゃ、お金もよけえ、サルがすえてごしたわ」

言うて喜《よろこ》んで、二人がまあ、喜びよったところへ、隣のおばあさんが聞いて、

「うーん、そげなことか。あそこはだいたいお地蔵さんに信仰《しんこう》しよったけえじゃ。ほんにおかげがあったじゃ」言うておばあさんが話いたら、「そうか、そうか、うらもお

地蔵さんに、ほんに信心《しんじん》してみよう」言うて。

「おじいさん、おまえ、行って座っとれ。ほんなら、糊を持って行ってかぶせるけぇなあ。そいから、信心するけえ、お地蔵さんに。まあ、お地蔵さんに何でも信心するじゃ」言うた。

そして、おばあさんが、じきい、信心はちっともせんのに、そけえ行っておじいさんを座らして、それから糊を持って行って、頭からかぶらしたところが、ほんにお地蔵さんのようにそれがなって、そいからまあ、サルが出てきて、ええもんを持ってきて、また、

「白子地蔵さんを、昨日《きのう》のええもんをみんな平《たい》らげておられるわ。今日もすえよ、すえよ」言うて、よけえことお地蔵さんにすえて、そげして出ぁたら、そうしたところが、まあ、何ぼうでもそげしてすえおったら、

「お地蔵さんじゃ、お地蔵さんじゃ」言いおったら、そのお地蔵さんがまあ、ほんに欲ばりじいさん、気をせったか、何をしたか、つい、ついおかしゅうなって、ヒュッと

笑うたら、

「え、こりゃ、お地蔵さんじゃねえ、こりゃ人間じゃぞう」言うて。

「こりゃあ、人間じゃ、人間じゃ。こりゃ人間じゃ。お地蔵さんが、そげえ食いはできん。これまでそげぇに食いおりゃできんに、昨日のええもんもみな食うとるし、みな、銭《ぜに》こうもみな持っていんどるし、こら、人間じゃぞ」言うようなことだった。

そいから、

「おい、葛《かずら》ぁ立てえ葛ぁ立てえ」。まあ、じいさんはついクックッと言うて、つい笑ったら、口が出る。まあ、何するじゃろう、葛立ってと思うて、眠《ねむ》ったときから葛をたって、おじいさんをがんがら巻《ま》きいして、それからまあ、サルのことじゃけえ、結《むす》ぶすべを知りゃあせず、

「おい、鼻の穴が開いとうだけえ」。鼻の穴へ入れて結ばっと鼻の穴へ葛つっこんだら、鼻からずっと血がだらだらして出だしたら、サルは血がまことにきょうといもんじゃけえ、

「そーりゃ、血が出だいた。血が出だいた」言うて、ごっご恐《おそ》れて、そぎゃしてけえ、ずっとおじいさんをがんがら巻きいすられて、血だらけになって、そがあして命からがらでもどったとや。

それぱっちり。

………… 語り手は大原寿美子さん（明治四十年生）。昭和五十四年十月にうかがったものである。

辰巳峠《たつみとうげ》のオトンジョロ狐《ぎつね》

鳥取市佐治町尾際

岡山県と鳥取県の境に辰巳峠ちゅうのがあるですがな。

そこにオトンジョロちゅう名の狐がおったそうです。

そうすると、そこを通ると必ず魚だったら取られるし、そいから珍《めずら》しいものを持っとりゃあ、それを引っかきまわすような……。人間がそれだけ頭がなかったかどうか知りませんけど、だけど何でも辰巳峠《たつみとうげ》を越《こ》すときには、一人では越されんというほど、みんなが言いよったくらいじゃ。

ほいで男が通りゃぁ、晩にゃあ、それこそ、何でも日が暮《く》れぎわの何ちゅうことがはっきり分からんようになってから出る、ていうことでしたがなあ。

そいで、夜中に通ると、今度はそれこそ、ようなかなかこっちのもんでならんようなほど恐らかしよったちゅうことでして。

そいで、その辰巳峠を通るときにゃあ、きれーえなええ、それこそ侍の嫁さんになって、そうしてびっくりさして、腰を抜かして、そいこそ朝までじーっとしとったちいやなことがありました。

そいから、また魚を持って通りおるちゅうと、その魚ぁ取られてしまって、もうそれこそ、魚買ぁていによる人でもいんで見りゃあ、一つもないようなことが常時《じょうじ》あったそうです。そいで、そこのところを通るときにゃあ、必ず一人で越さんようにていうふうに言っていました。

そうだけん、もう、何でも女子《おなご》になるのがオトンジョロちぃっていう狐が、女子になるのが専門で、何でもきれいな、それこそ、男になんが通るときれいな娘になったり、そいから、ちいと中年の人にゃあええ奥さんになってみたり、もういろいろな形に化けよったそうです。

そいで辰巳峠のオトンジョロちいって、まあ、ここの辰巳峠にあるですが、そいけえ、化かされたもんがようけあるそうです。

話し手は福安初子さん（大正四年生）。昭和六十二年八月にうかがった世間話である。オトンジョロ狐は、このあたりでは有名で人々に親しまれている。

弘法機《こうぼうばた》

智頭町波多

　昔、あるところになあ、村におたけさんいう娘さんが、まことに正直《しょうじき》な素直《すなお》ないい娘さんで、機《はた》ぁ織《お》りおられたですが。そうしたところが、汚《きたな》いふりして坊さんが報謝《ほうしゃ》になあ、村々を回りおられたですが。

　集落を一軒一軒、回りおられたところが、山を回り、川を回り、田圃道《たんぼみち》から、まあ、いろいろ諸国《しょこく》を回られるというと、もう衣もばらばら、手おいも脚絆《きゃはん》もばらばらほど痛《いた》んどって、そしてまあ、ずっと回りよられたら、そしたら、おたけさんが機ぁ織りおられたけえ、

「なんと娘さん、わたしに手おいがぼろぼろに破《やぶ》けたけえ、この手おいをちょっと織りおられる布《ぬの》を切ってもらえませんか」って言うたら、そうしたら、

「ええ、ええ、あげます」って、目うちのとこを五寸離《ごすんはな》いて、それから先がいいとこじゃけえ、そこをちゃんと手おいの丈《たけ》だけ切って、

「ちょっと、お坊さん、待っとってください。わたしが縫《ぬ》うてあげますけえなあ」言うて、それから手おいを縫うて、そしてあげたところが、お坊さんはたいへんに喜んで、お礼を言うて、そしてまあ、ちょっと休ましてもろうて休みよられたそうな。

お坊さんは、

「あのなあ、おたけさん、おめえはなあ、機ぁ織るのが上手じゃし、どんな機ぁないと、こんだこんなかすりにしょう、こんだこんな品ぁしょう。仕組みだけ仕組んで、そして機にてんと持ってこられたら、もう、この機がなあいつまでもいつまでも、好いたもんが織れて、どうしてもこれをつきすることじゃで」って言われたそうな。

「何ちゅう」思って、そうしたら、おたけさんが、もういつまでもいつまでも、そのように機が織れるじゃそうな。

「はああ、これは弘法大師《こうぼうだいし》さんじゃな」っと思って、やっぱり、その破れたみすぼら

しい坊さんはなあ、弘法大師さんじゃそうです。
そういう話をなあ、おばあさんらが話して聞かせよりました。
そればっちり。

語り手は大原寿美子さん（明治四十年生）。昭和六十年八月に聞かせていただいた。聞き手は福井県の高校教師、佐飛鴻一さん。東京の小学教師白尾幸子さんも一緒だった。

目《め》をくれた龍《りゅう》

智頭町波多

昔あったところになあ、おじいさんとおばあさんとあってなあ。

そうして、まあ、おばあさんが川いなあ、お櫃《ひつ》ぅ洗ったり、鍋《なべ》を洗ったりしい出るとなあ、小さい蛇《へび》がなあ、ちょろちょろちょろちょろしよるけえ、

「おお、おお、おめえにゃ親がないか。うらにゃ子がのうて寂《さび》しゅうにたちよるじゃ」

言うて、

「まあ、かわいげなもんじゃなあ、ほんに」言うて、飯《はん》ぼざらいを、何でもちいとずつ食わしよったら、まあ、次《つぎ》い次い大きゅうなって。

それをおじいさんが見つけて、

「なんじゃ。川にゃ大きな蛇がおる。こげぇえなもなあ、ばあさんが飼《か》いおるじゃろ

う。蛇じゃなんじゃいうて」おじいさんが言うもんじゃけえ、そいでまあ、「おじいさんが、あげえ言うもんじゃけえ、樽元《たるもと》へ来い。樽元はまあ、あいかの下が広いじゃけえ」言うて連れてもどって、樽元へ置いて、そいでちいとずつ飯ぼざらいをやりおったところが、まあ、大きゅうなって、ほんに樽元からでもちょいちょい見えだいて。

「まあ、なんちゅうもんを飼や。おらんようになったと思ってくつろいとりゃぁ、ほんに家の中へ連れてもどって飼いよるじゃ。何ちゅうことをするじゃ」言って。

「ほんにしまいにゃ、あぎゃ大きゅうなったら、うらがあでもほんに飲むようになるだぁ」言うておじいさんが怒《おこ》るもんじゃけえ、

「で、なあ、よう聞けよ。うらはほんに飼うたれよったけれど、だけど、おじいさんがなあ、やかましいことを言うて、おまえが大きゅうなったら、うららあでも飲むようになる、て、おじいさんがなあ、やかましゅう言うけえ、それじゃったら、おまえも一《いち》人前《にんまえ》、こげになったら、どっこいでも行ってたてれるじゃけえ、だけえ、鷹《たか》や鳶《しび》に見つ

けられんとこへ逃げて行けえよ」いうて言うたら、そしたら、蛇が目ん玉ぁ一つ取って、そして、

「久しいこと世話《せわ》になったけど、何のお礼もできんけえ、おばあさん、これをあげるけえ、おじいさんと二人がねぶって、そぎゃして安気《あんき》にたてんさいよ。そぎゃあえらあ目をせんでも」言うて、目ん玉ぁ一つ置いといて、ぞろぞろーっと草ぶきへ逃げてしもうたそうな。


それからほんに、それをねぶっとりゃあ、ちょっとも腹《はら》は減《へ》らんし、体も具合がええしして、毎日楽しゅうにおじいさんとおばあさんが暮らしおったら、人の噂《うわさ》で、

「まあ、あのうちはどぎぇして食いよるじゃろう」いうようなことで、分かって、何じゃかねぶってたちよるやなことで、それがまあ、殿《との》さんの耳に入って、

「そがあやって捜《さが》いてこい。どがあしおるか行って見てこい」言って家来《けらい》に言いつけられて、家来が調《しら》べてみたら、こうこういうわけで蛇の目ん玉ぁねぶって、そうしつ

りゃあ、腹も減らんしして、そしてたちよる。

「そんなものは宝物《たからもん》になる」言うて殿さんが取り上げてしまわれて、そいからしかたがないじゃけえ、仕事もできんし、年寄りじゃけえ、おじいさんとおばあさんと、もう貧《まず》しいし、難儀《なんぎ》して、そして、

「どこへ逃げたやろうなあ」言うて出とったところが、海辺《うみべ》のようなところへ出とってみたら、そしたら、大きな蛇が出てきたそうな。

そがあして、

「ありゃ、久しぶりじゃったなあ。おばあさん、ほんに何ちゅう、どぎゃあなことじゃ、おばあさん」て、

「こぎゃあこぎゃあでなあ、今は難儀になって食べるもんもなし、ほんに、ほん、命からがらいうていいような暮らしをしておるじゃ」

「そうか、何ちゅうことじゃ、ほんに。そりゃあいけん。それじゃったらな、もう一つあるけえ、そいじゃけえ、あげるけえ」言うて、そしてもう一つの目ん玉ぁ、くり抜《ぬ》

いて、そしておばあさんにあげて、そいから、もどっとったら、「たら、今度は見つけられんようにしんせぇえ。大きな雨降らしたる。そだけえ、寝とってなあ、おまえらがなんぼ寝とったてても、そいでも、人にしょのまれるようなことはないけん」言うて。

そいから、もどってたちよったら、ほんに明くる日から雨が降ってなあ、そがして、毎日毎日だれもが仕事ができんように雨が降っとって、そうしおったら大きな洪水《こうずい》になった。

そがして山は崩《くず》れる、田が流れる、いうように洪水が出たら、そしてみな出たら、海にな、目のない龍《たつ》いうか、目ん玉が一つもない龍がおったとや、言うてな。

それぱっちり。

語り手は大原寿美子さん（明治四十年生）。昭和五十四年十月にうかがった。この話は関敬吾博士の『日本昔話大成』で戸籍を調べてみると、後半部は本格昔話の『婚姻・異類女房』に「蛇女房」とあるのにそっくりである。概略を記すと「ある男が蛇を助ける。女が訪れてきたので結婚する。妻は妊娠する。子どもを生むところを見てはならないといって産屋に入る。夫がのぞき見すると正体は蛇。妻は夫が約束を破ったのを悔やみ、子どもになめさせると育つといって片眼をくり抜いて与えて去る。眼玉を領主にとられる。玉をもらいに行くと片眼の女が現れ、もう片方の眼玉を与える。これもとられる。（中略）（女は）洪水を起こして玉をとった者に復讐するから逃げるようにすすめる。」というのである。大原さんの話はこの「蛇女房」の変形したものだと思われる。

天道《てんとう》さん金《きん》の鎖《くさり》

智頭町波多

昔あるときにな、子どもが五人あってなあ、そしてお父さんはなし。お母さんが、まあ、育てておられたじゃそうな。

そうしたところが、お母さんは籾《もみ》すりい行かにゃならんけえ、「籾ぃすって来るけえ、おまえらぁだれが来てもなあ、そいじゃけどもうらがもどるまじゃあ、この戸を開けられんで」言うて、お母さんが錠《じょう》おれえちょいて出られじゃそうな。

そうしたら、夜さ遅うなって、お母さんが、そうして籾《もみ》すりからもどりおられたところが、たら、山姥《やまんばあ》が出てきて、

「待て待てぇ」言うて。

「何かええもん持っちゃあおらんかい」て、

「何も持っちゃあおらんけど、ここへ昼のお弁当《べんとう》の残《のこ》りがある」言うて、そうして、その弁当の残りを放《ほ》っちょいてやりゃあ、ずっとむしゃむしゃっと食うて、また追《お》いつくして。

「何かないか。何かないか」言いよったら、とうとうその母さんを殺《ころ》えて食《く》うてしまった。

そうして、そのお母さんの着物を着て、そして家へもどって、

「やれやれ、もどったで」言うて、

「早う開けてごせ」言うて、

「何じゃろう。声が違うようなけえ」言うて一番頭《かしら》がそう言うて、

「開けられんで」いうて言うたら、

「お母さんなら、手え出いてみい」言うて。

そいからまあ、手え出いてみたところが、髭《ひげ》がいっぱい生えとるけえ、

「これはお母さんの手じゃない」言うて。

「お母さんの手じゃないけえ、お母さんじゃあない」いうて言うたら、そいからまあ、ちいとうしたら、

「やれやれ、もどったけえ、早ぅ開けてごせえよ」言うて、

「なら、お母さんなら手え出いて見せて」。いや、裏《うら》へ行って、そのズイキ芋《いも》の葉を採《と》ってきて、ズイキ芋の葉を手にいっぱいまくって来た。

そうすりゃあまあ、つるつるしよるじゃけえ、

「こら、お母さんかも知れず」思うて、まあ、錠を開けて、そうして入れたら、

「遅うなった、遅うなった」言うて、そいからずっと、まあ納戸《なんど》へ入って、そうしてもう出て来んのじゃそうな。小さい子を寝さしとるしすりゃあ、そしたら、「どがしとるじゃろうな」思うて、

「お母さん、何をしよるじゃ、もう出んさい。何わるさをすりゃ」言や、

「もう、今出るわ」言うけど、まあ、こりこりこりこりこり何じゃか残りのコウコを食い

よるわ、昼飯残りのコウコを食いよるじゃ」いうて言うたら、そうで出てきて、今度ぁまた一番下の次のこまい子を見る間にひっとらまえて、また、それを食いおるまえに、またきょうとてこたえんじゃけえ、そんでオトドイ（兄弟）三人が、まあ、とんで出て、庭にまあ、大きな松の木があって、その松の木いぐっとはい上がって、そうしといて、下には池が掘《ほ》ってあるしして、そいで次ぃ次ぃ上がって、ずっとエゴへ上がって、そげして見ておった。

　ところが、ええ月夜《つきよ》でお月さんが出おられるしすりゃあ、その池に子ども三人上がっとるのが松の木のエゴへ上がっとるのが、写っとるもんじゃけえ。

　そいからまあ、タモを捜《さが》いてきて、タモでその池からすくうじゃそうな、その子どもを。そいじゃけえ、そがあしてまたすくうても何にもすくえず、みなすくえずするけど一生懸命《いっしょうけんめい》すくいよったら、そがしたら、ちょっと三男の三郎が、三番目の男の子が、ちいっと、まあ、兄さんらとはとろいようなんじゃと。おかしゅうてくすくすっと笑ったら、ふいっと上を見たら、何が、そりゃあ影法師《かげぼうし》で松の木のエボイサへ上がっとるもんじゃけえ。

そいからまあ、松の木のエボいずっと上がろうとすりゃあ、上がろうとすりゃあ、また滑《すべ》り、上がろうとすりゃあ、また滑り、まあ、よう上がらんじゃそうな。

「まあ、どがあして上がった」言うて、

「はい上がったじゃ」言うて兄貴《あにき》らは言うけれど、三人目の子がちいとところいような子が、

「金《かね》ぇ打っちゃあ、足ぃかけて上がり、金打っちゃあ、上がりして上がった」言うて。

そいじゃあいうて言うもんじゃけえ、そいから金を打って鬼婆《おにばあ》が上がったじゃそうな。

次ぃ次ぃずっと上がって、そいから、もはや届《とど》くようになってからに上を見たら、

「天から駕篭《かご》を降《ふ》れえてつかあせえな。金の駕篭を降れえてつかわせえな。今、山姥が、ずっと捕《と》って食うけえ」言うて、ずっと天道さんを三人の子が一生懸命頼《たの》みよったら、そうしたら、天から金の駕篭が降りたじゃそうな。そうして、三人が乗って、そうしてまあ、ずーっと天に上がって、まあ、無事《ぶじ》ぃ天へ上がったじゃそうな。

そうしたら、今度、山姥ぁも、ずっと、

「金の駕篭を降れえて。こいらにゃ追いつかにゃならんけえ、降れえて、降れえて」言うて頼みよったところが、また、金の駕篭が降りてきたんじゃそうな。

そしたらまあ、錆《さ》びて錆びて、ずっとぼろぼろの、ずっと金の駕篭が降りて、その駕篭に乗って、そして、まあ上がりよったそうな。

そうしたら、もうそーで着くいうとこから、錆でポッンーと切れて、まっさかしい落ちて死んだじゃそうな。そいからまあ、三人はなあ、天に上がってなあ、今でも三つ星になってなあ、そぎゃして仲良うに三つ星がいつまでもいつまでも天から光りおるじゃそうな。あの三つ星はオトドイ三人じゃそうな。そればっちり。

語り手は大原寿美子さん（明治四十年生）。昭和五十五年十一月にうかがった。大原さんはご自身のお祖母さんから聞かれたものだとのことだった。

関敬吾博士の『日本昔話大成』によれば、本格昔話の「逃竄譚」の項に「天道さん金の鎖」として登録されているのが、その話である。

魚女房《さかなにょうぼう》

智頭町波多

昔あるときになあ、若い男が一人行きおったところが、そうしたら子どもが川から魚ぁ捕《と》って、そして鱒《ます》を捕って台所へ持っていんで、

「煮《に》て食おうか焼《や》いて食おうか」言うて、捕っていろいろと持ったり放いたり、いじめておったじゃ。そうしたら、その男が、

「おい、その魚わしにくれえや」言う。

「何でやっと捕っとるもんをあげられるじゃ」言うたら、ほんなら、お金を出して、

「おまえら、お金は何でも買《か》えるで」

「ほんなら、お金のあることなら」言うて、そして、鱒を買うて、

「子どもの目にかからんとこへ、そっと逃《に》げえよ」言うて、ポッと川へ放してやった

ら、

今度、雨のごつう降る日に、ぬれてぬれびしょになってもどってみたら、若いきれいな女が来とって、

「わしゃ、今夜泊《と》めてつかあさいな」

「今夜泊めてえて、うちにゃ何にもねえし、食べるもんもねえし」

「いや、何も食べんでもええし」

「ほんに一人おるじゃけえ、こんな小屋みたいなとこへ」

「いや、そりゃ、何ともありゃせんけえ」言うて泊まって。

そうしたら、ご飯《はん》をたいたり、それから味噌汁《みそしる》ぅして食べさせてごすしすりゃあ、その味噌汁が、とっても自分が作りよったたあおいしいや。

それからまあ、

「ほんに何でうちの味噌じゃに、こう味噌がおいしいじゃろうな。見変《みか》わった味噌のようななあ」思って。

そして、それから、まあ、
「今日も、今日も」言うて山へ行きよったけど、
「今日は出し汁の正体《しょうたい》を見たらにゃなあ」思って、「山へ行く」言うて、このツシに
上がって、そいから、ツシからずうっとして、そして見よったところが、洗濯《せんたく》をしたり、
昼は何にもするけど、晩《ばん》の支度《したく》になったら、裸《はだか》になって、そしてご飯をたいて、そして
今度ぁ味噌汁をなあ、鍋《なべ》の中へ裸になってぽしょぽしょっと泳《およ》いで上がってなあ、また、
いい着物を来て、ええ娘のように女になったたって。
そして、
「お帰りですか。さあ、ご飯を食べましょうで」言うて出すけど、
「今日は何だかお汁が食べとうない。お汁が食いとうない」て言やあ、じっき、「そい
たあ、こりゃ正体を見られたなあ」と思って、そして、自分は食べて、それから、
「わしゃ、ほんに正体を見られたが、この家にはおれんけえ、そんなら暇《ひま》ぁもらうけえ、
長々お世話になりました。ほんに、わしゃ助けてもろうた鱒がこぎゃして、何の恩返《おんがえ》し

もできず、もう、わずかな日にちでも恩返しした都合じゃけえ」言うて、いんだとや。

そればっちり。

語り手は大原寿美子さん（明治四十年生）。昭和五十四年十月にうかがった話である。関敬吾博士の『日本昔話大成』によれば、本格昔話の「婚姻・異類女房」の中に「魚女房」があるのが、これよりも「蛤女房」とある方が内容的には大原さんの話に似ているので、この方が戸籍といえるようである。

田螺息子《たにしむすこ》

智頭町波多

昔あるところになあ、貧《まず》しいうちに子どもがのうて、そしたら、お母さんが、

「粒《つぶ》ぐらいな子どもでもいい、ほしいなあ。ほんに田螺つぶぐれえなもんでもほしいな」言って、まあ水神《すいじん》さんに百姓《ひゃくしょう》は水神さんが一番じゃから、水神さんにお祈《いの》りしようと思って、水神さんにお祈りして、七日お参りし、また七日お参りししよったところが、また、七日お参りしたところが、そしたら、

「まあこりゃあ何だ、妊娠《にんしん》したじゃも知らず」と思っておったら……

「まあ、粒ぐれえな、水神さんに」言うて三七、二十一日お祈りをしたところが、そうしたら、田の草ぁ取りよったら、腹が痛うなって、

「こりゃあまあ、何ごとじゃあ、つい腹が痛い」そいからまあ、もどって、まあ、そうしたら医者《いしゃ》を呼ぶお金はないししよったら、隣《となり》のおばあちゃんが、

「そりゃあ、お産《さん》じゃ、お産じゃ、そりゃあお産……　今出来るから」言うて、湯《ゆ》ぅわかして、そうして世話《せわ》ぁしてくれられたら、まあ小さい田螺のつぶが、それこそ生まれた。

そいて、まーあ、それでも喜ん

でから、

「水神さんの授け子じゃけえ、だいじにだいじに……」言うて信心《しんじん》にお椀《わん》を置いて、お椀の水ぅ入れて、そして、まあ、だいじにだいじに育ちよったら、

「とと食え、まま食え」言うて一生懸命《いっしょうけんめい》、食べるのをごっそり何をやってもごっそりごっそり食べるけど、いっから大きゅうならん。

どうしても大きゅうならんし、そうしよったら、

「二十歳《はたち》にもなるのになあ、やっぱり子どもができても運《うん》が悪いなあ、わしらは、何もたりにゃあならんし、おれも年が寄って、もうほんに年貢米《ねんぐまい》もなかなか持ってよういかんような年になるし」言うて、おじいさんが言いよったところが、神前《しんぜん》から、

「わしが年貢米を納《おさ》めてきます」言うて。

まーあ、大人が言うような大きな声でそう言うけえ、

「そんなことでおまえなんかが」いって言うたところが、

「いんや、納めてきます」言う。

それから、馬ぁ三匹出いて、馬ぁ三匹の背中《せなか》にみんな負わして。そうしたところが、「わしをその俵《たわら》の間に乗してくれえ」言うて、そいから俵の間に乗したところが、そうしたら、まーあ、じゃんごじゃんごじゃんごじゃんごいうて、そいからまた馬追《うまお》い追《おい》分《わけ》を、もういい声を出いてうたうし、それからずっと、

「はいはい、はいはい」言うて、道の悪いところは拍子《ひょうし》を取るし、まーあ、そうしておじいさんが、もう心配《しんぱい》でこたえんけえ、馬ぁ後ろをついて行きよったけども、まーあ、庄屋《しょうや》さんに行くけえ、何じゃ、もう世話ぁない思って、そうして後へ帰るししたところが、庄屋さんに、

「年貢米持ってきました」言うて、ちょー……

「そうかい、年貢米持ってきたかいや」って出て見るところが、馬が三頭おって年貢米を持ってきとるけれど、何にもおらんし、どんなこっちゃろう、思って見ると、

「ここじゃ、ここじゃ、ここにおります」言うて、

「ああ、そうかそうか、粒か。粒がほんに年貢米を納めるかなあ」言うた。

それから、まあ年貢米を納めて、そうしていたところが、

「こりゃあ珍《めずら》しい。ほんにこれは田螺でも、こりゃあ珍しい」言うて旦那《だんな》さんがたいへんにほめて、

「おまえみたようなもんは珍しいもんだ。これは、うちに娘がオトドイ（姉妹）あるけえ、どちらか嫁《よめ》にやるわ」言うて。

「そらあ、旦那さん、本当ですか」

「ほんとじゃ、ほんとじゃ」言うて。

それからまあ、「やるけえ」言うて約束《やくそく》はしたけれど、なんと娘さんの方に言うてみりゃあ、姉さんの方に、

「おまえはなあ、珍しい粒の嫁になってくれんか」て言やあ、

「うーん、わたしゃあ、そんなずっと虫けらの嫁にゃあ、なんぼなんでもようなりません」ちゅうて奥へ入ってしもうてしまうし、

「そうかい。しかたがないなあ」。そいたら、妹の方が出たから、

「姉さんはきらいじゃったが、おめいはどげなことじゃ」言うた。

そうしたら、

「わたしゃあ、お父さん、気にしなさんな。わたし、嫁に行きます」って言うけえ、

「なんとありがたいことじゃのう」言うて、それから嫁になって、そうして、それから まあ、嫁に行くいうことだけえ、簞笥《たんす》も長持《ながもち》も、まあ、どっちもみなこしらえて、
そしてまあ、帰すしすりゃあ、そうすりゃあ、帰って。

粒が、

「帰りました。お嫁さんをもらってきました」。

出てみりゃあ、きれいなお嬢《じょう》さんが来とられる。

「まーあ、もったいないようなことじゃなあ」言うて、それから、まあ、舅《しゅうと》さんへも上手《じょうず》ぃつかえるし、たいへんにええ嫁さんで、

「あーあ、ほんに。うちの嫁さんは三国、四国、五国にもないような嫁さんじゃの

う」って、まーあ、おじいさんとおばあさんはたいへんに喜《よろこ》んで。

そうして、たったところが、

「四月の八日は、ここらじゃお釈迦《しゃか》さんいうかなあ、そのお寺に、神さんに参るじゃ、言うて、みんなが参られるし、まあ、おまえらあも参ってきんさいなあ」言うた。

そうしたら、

「ほんな、参ろう」言うて、よーう化粧《けしょう》してきれいに髪結《かみゆ》うて、それから箪笥からええ着物を出して着て、そして粒を帯《おび》にはせて。

そうして参ったところが、そうしたら、鳥居《とりい》のとこまで行ったら、

「あの、わしはなあ、これから内にゃあ入れんけえ、そいじゃけえ、そこらのなあ、鳥居より外の畦《あぜ》に置いてな」って言うけえ、

「そうか、そうか、鳥居からは入れんだか」って、鳥居より外の田圃《たんぼ》の畦に置いといて、それから自分が一人参って、拝《おが》んで、そうして出てみるところが、その粒の田螺が

ないもんじゃけえ、

「はーあ、粒の夫《おっと》がおらん。粒の夫がおらん」言うて、そこぉらうちぃ捜《さが》し回るけど、どーうにも見つからんし、もう、しかたがないじゃけえ、まあ、田圃ぅに入って、そいから田圃を見るところが、四月ごろじゃけえ、ずっと田螺がいっぱいこと田圃におるだけえ、

「どれが自分の夫やら分からん」言うた。

「まあ四月になりゃ鴉《からす》いうて、あほう鳥がおって、田螺もよう取って食うが、夫は鴉のあほう鳥に食われたのかなあ」思うて、もうあのきれーなお嬢さんが気が狂《くる》ったろうか、じる田の中へ入って、あちこちあちこち一生懸命に「待っとるに」言うて。

もう宮に参ったもんがみーんながあきれてしもうておったところに、そして、

「はーあ、夫もないし、もうわしも生きとったって特な楽しみはないけえ、粒の夫も亡《な》くなったけえ、そこの大きなドブのじる田に入ろう。まっさかさまに落ちて死んでしまおう」と思って、そこの畦に立てって、そうして飛び込もうとしとったところが、肩

をポンと押さえて、

「ありゃっ」ひょっと後ろを向いてみりゃあ、網笠《あみかさ》ぁかぶったええ、まあ、若い男が、お侍《さむらい》のような若い男が、

「おまい、何ちゅうことをしよるじゃ」って。

「何ちゅうことって……」あきれてしもうたら、

「わしがおまえの夫だぜ」って言う者がおる。

「そーうですか」って、

「おまいがなあ、水神さんに一心《いっしん》に信仰《しんこう》してくれるから、こんな大きなええ体になった。ずっと元の人間になったで。本当の人間だ」いうて言うけえ、

「そうか、わたし、一人でなあ氏神《うじがみ》さんにゃ参らんと水神さんに参ってもどっただで」言うて。

あきれてあきれて、お嬢さんもたいへんにあきれて、それから連れなってもどったら、おじいさんもおばあさんもびっくりして、それから、

「こういうわけじゃ。こうこうこういうわけじゃ」
「はーあ、水神さんにお願いした申《もう》し子《ご》じゃけえ、こんなことか、水神さんのおかげか」言うてたいへんに喜んで、いっときと早う長者に知らせにゃあならん言うて、それから、長者に使いやって知らせたら、長者の旦那《だんな》が、
「いやーあ、こりゃあみごとな男だ。みごとな旦那じゃ。こりゃたいしたもんじゃ。これはこんなんは田舎《いなか》の山がに置いといてもいけんけえ、こちゃ町の一番いい位置に家作って、まあ、商売《しょうばい》をさしてやるじゃ」言った。

そうしててなあ、一番いい位置の屋敷《やしき》を買うて、そこに大きな家建って、商売をさしてやら、てんてんてんてん、ずっともうほんにとんとんとんとんむくりどり上がって、そうして、田螺長者いうほどなあ、成功して、その親戚も何にも田螺長者の親戚は全部運ようになあ、ぽっと行ったとや。たいしたもんじゃ。

そればっちり。

語り手は大原寿美子さん（明治四十年生）。昭和六十年八月にうかがったものである。関敬吾博士の『日本昔話大成』で調べると、本格昔話の「誕生」の中に「田螺息子」として出ているのがそれである。大原さんの語りは内容的にもほとんどこの基本形を踏襲しており、みごとなものであった。このときの聞き手は福井県の高校教師だった佐飛鴻一さん、東京都の小学校教師の白尾幸子さん、その友人の主婦田中和子さん、そして筆者であった。「本物の昔話の語りが聞けた」とみなさんが満足していたことを思い出す。

天福地福《てんぷくちふく》

智頭町波多

昔、あるところになあ、おじいさんとおばあさんと貧《まず》しい暮らしをしておりましたんじゃ。

そうしたところがなあ、正月二日の初夢《はつゆめ》ですけえなあ、だれも舟たたんで寝間《ねま》の下に入れますもんですけえ、そして、

「おばあ、今夜は舟たたんで寝間の下に入れるだから、舟たたんで寝間の下に入れたらええ運《うん》が回ってくるか分からんし、いい夢を見たらええけえ、まあ、夢でもええじゃがなあ」言うて、おじいさんが入れたですが、枕の下に。

そうしたところが、まあ、夢を見ましてなあ、そして、そいから朝起きて、

「おばあや、ええ夢を見たわ」言うて。

「どんな夢を見たじゃ」言うたら、

「天から降る、天福の夢を見たわ」言うて。

「ふん、天福、まあ、おじいさん、ぎゃあな難儀《なんぎ》ななあ、ほんとに夢でもいいなあ、おじいさん」言うた。


ところが、そうして、まあ、雪が消えて、それから、まあ、春、畑へ打ちい行っとったところが、そげやったら、畑を打ちよったところが、畑ん中から、まあ、かんかんかんかん堅《かた》いもんに鍬《くわ》が当たって、

「これ、何だろう」と思ったら、金瓶《かねがめ》が、埋《い》けてあってなあ、

「ははあ、これ、まあ、金瓶がある」言うたけど、そのおじいさん、正直な人じゃけえ、

「天福の夢は見たけど、地福の夢は見とらんけえ、こら、持って帰られん」言うて、帰ってなあ、持って帰らずと、そして、

「おばあ、こんななあ畑に、金瓶があったで」て言やあ、そこに隣《となり》のおじいさんが来とって、そして、隣のおじいさんが、

「どこにそんな金瓶があるじゃ」

「あのうちの畑のこういう山畑に、そこを打ちよったら金瓶に鍬が当たって、こうしたら金瓶があったで」って言うたら、

「そりゃあ見とられりゃあせん」

隣のじいさんは欲ばりじいさんで、夜が明けるとそこに行ってなあ。

そうして行ってみたら、なるほど瓶があるけど、大きなこんな蜂《はち》の巣《す》でなあ。それからもう、その蜂の巣、まあ、どうにか、まあ、何か壺《つぼ》を入れようと思って、袋《ふくろ》ないと持っていっとったでしょうなあ。それへまあ、蜂の巣を入れて、そうしてもどって。

そして、そこに行って、デイの障子《しょうじ》、破《やぶ》ってか開けてか知らんが、

「この……ばめが、嘘をこいて、大きな蜂の巣ぅずっと持ってきて、もう、顔やら手やら足やら、体中いっぱい刺《さ》されて、……とじもないことを言ういうたって」言うて、

腹ぁ立てて。その障子を開けたかどうか知らんけれど、まあ、デイに、その蜂の巣を投げ込んだですが。

そうしたら、投げ込んだらジャゴンというてなあ、そうしてみたら、金瓶が蓋《ふた》がとれて、ずっと金銀小判が、ずっとデイにいっぱいことになっとりました。

そいで、おじいさんが言うことにゃあなあ、

「天福地福言うたけど、天福を授《さず》かるいうてもなあ、天福……これは地福じゃからというて、取ってこなんだけど、今度はなあ、隣のじいさんが来て、そうして天福にして、そらから投げたけえ、天福になったけえ、ばあさん、これは本当に天福だで」て喜んでなあ。一期《いちご》なあ、二人が食いようなって、楽しゅうにたったとや。そればっちり。

語り手は大原寿美子さん（明治四十年生）。昭和六十年八月にうかがった話である。関敬吾博士の『日本昔話大成』によれば、本格昔話の「運命と致富」の中にある「天福地福」が、これに相当するようである。

瘤《こぶ》取《と》り爺《じい》

智頭町波多

昔あるところになあ、正直《しょうじき》なおじいさんとおばあさんとあって、そして、おじいさんに大きな瘤が出とったですが。

そしたら、隣《となり》のおじいさんも大きな瘤が出ておって、そいから山に木いこりに、正直なおじいさんが行っとったところが、よくによくにまたこりまたこりしよったところが、日が暮れて、

「もう帰らにゃならん」言うて、帰ろう思うて見たら、はや日が暮れて、

「こりゃあいけん。どこぞへ泊《と》めてもらわにゃ行くとこもない、こんな山には」と思ったら、大きなウズトがあって、木のウズトがなあ。

「そのウズトの中へ入って、まあ、一夜、ここでなあ、夜を明かそうかなあ」思って。

そうして夜を明かしよったところが、そうしたら、ずっと赤鬼やら青鬼やらもういーっぱいこと、黒鬼やら出てきて、そこのウズトの前から、そうしたら大きな火い焚《た》いて、そして、もう酒盛《さかも》りをしかけて、酒盛りをしたら、まあ酒飲むが、ご馳走《ちそう》持って、まあ、あれこれあれこれ酒を飲んだ。

酒に酔《よ》ってまあ踊《おど》るが舞《ま》うが、たいへんに大きなにぎやかしいしだいて、おじいさんは舞が好きで、踊りが好きでかなわんじゃけえ、ウズトの中から一《いっ》生懸命《しょうけんめい》踊ったり、踊りよったところが、ほんにそのウズトの中

にゃ、こたえんようになってとんで出て、その鬼の中から、踊るがずっと舞うが、たいへんにそぎゃえしだしたら、そうしたら、「なんちゅう、ほんに、まあ、このおじいさんは、なんちゅう」言うて、重宝《ちょうほう》……鬼がしてなあ、そうして……言ううち夜が明けて、明《あこ》うなったけえ、

「おじいさん、帰らにゃあ……　おじいさん、ほんに惜《お》しかった。帰らにゃいけんけえ、ほんならまあ、別れるけど、また、明日の夜さも来てなあ」言うて。

「それじゃあ、明日の夜さも来てもらうとなりゃあ、何か持っとらにゃあいけんがよう」言うて、鬼がなあ、その瘤ぅひょいっとつかんだがと思うたら、ぽっと取ってしもうて、そいからまあ、くるんとして美しい頬玉《ほおだま》になったら、

「なら、明日の夜さも来るけえなあ」言うて、別れて帰ってなあ、そいから、まあ、ばあさんが喜ぶししたそうな。

そがゃしたら、隣のおじいさんが、この話ぃ聞いてなあ、

「まあ、なんちゅう、そりゃあええことじゃ。ほんにうらもこの瘤にゃあガメとるじゃ。今夜はうらが行ってみよか」言うて、

「うーん、そいじゃあおまえが行ってみんさい」いうやなことでなあ。

そのあくる日にゃあ、行って、まあ、木ぃこって、こばりもなんにもせんけれど、

「まあ、夜になりゃあええが」思うておった。

夜になった。あんのたま、ずっとそこになあ、酒から肴からいろいろ持ってきて、大きな火い焚いてご馳走して、そしてまあ、酒盛りをして、しまいにゃあ踊るがっがっが舞うが、もうたいへんにするじゃ。そうしたらまあ、

「ほんに、瘤ぅ取ってもらうが、行ってみようじゃけえ」。そのおじいさんはそのウズの中から踊ろうもどうも舞もすりゃあせん、とんで出て、そうして、まあ、してみるけど、もう芸《げい》なしの一つ芸もようすりゃあせんだ。踊りも習《なら》わずときとるし、舞も習わずときとる。

まあ、何にも出来んじゃけえ、もーう、しかたがない。

「まーあ、夕べのおじいさんは、まあ、珍《めずら》しかった、珍しかった。本当に。ま、今夜のおじいさんは、うるった、うるった。はーあ、この瘤も返いたげるわ」言うて、ぽーんとなあ、瘤のない方の頬玉へ、ぴしゅーんとしたら、両方《りょうほう》へ瘤が出来て、おじいさんは泣き泣き帰ったとや。

そいじゃけえ、芸も知らんようにゃあ、ほんにもう真似《まね》ぇしたってなあ、いけんじゃで。

そればっちり。

語り手は大原寿美子さん（明治四十年生）。昭和六十年八月にうかがった。このときは福井県の高校教師・佐飛鴻一さん、東京都の小学校教師・白尾幸子さん、そして白尾さんの友人で主婦の田中和子さんを案内して筆者が大原さんをお訪ねしてうかがった思い出の話である。大原さんはいつものように、四人を前にしてたんたんと語ってくださった。

産神問答《うぶがみもんどう》

智頭町波多

昔あるところになあ、そこの主人がもうけに行っとって、帰りよったら日が暮れて、そうして、まあ帰る都合《つごう》じゃったけど日が暮れたけえ、まあ、一夜の宿を才《さい》の神さんにさしてもらおうかって、そこに泊《と》まっとったところがな、そしたら夜中にジャンゴジャンゴジャンゴジャンゴいうて、いい音がする。

そう思ったら、馬に乗って、そして神さんが来られて、

「才の神さん、今夜はなあ、お産《さん》があるけえ、それで行こうじゃあないか」て言われたら、

「行きたいけれど今夜はな、お客さんがあるけえ、お客さんのお伽《とぎ》でもせにゃあならんけえ、もてなしでおるけえ、おめえ一人がなあ、行って来てぇな」いうて言われたら、

「そうかえ、ほんならまあ、わしが一人行ってくるけえなあ」言うて。

そうしてまあ、時間が二時間、三時間、四時間とたって、そしたら、夜明けに、

「やれやれ、今帰ったぞ」言うて、帰られて。

「今夜はなあ、一軒家《いっけんや》にお産が二つもあって、一人じゃろう、思ったら二人もあったけえなあ、ちょっと手間《てま》がいったじょ」言うんじゃそうな。

神さんたちは、

「それでなあ、女中の方には女の子ができるし、旦那《だんな》さんの方にゃあ男の子ができるし、そうじゃったけえなあ、そうしてなあ、旦那さんの子はなあ、杖《つえ》一本いうなあ、そんな甲斐性《かいしょう》じゃし、女の子はまあ塩一升いうようななあ、そうして、まあ大した運《うん》に生まれとるで」て言うて。

「そうかえ」言うて、

「それでなあ、旦那さんの子と女中の子といっしょになったら、運がええじゃけどなあ」言うて、神さんが話されて。そうして、

「そいじゃあ、帰る」言うて帰られたそうな。

それからまあ、夜が明けて、

「一夜の宿を、まあ、才の神さん、すみませんでした」言うて帰ってみたところが、そしたら、自分の奥《おく》さんに男の子ができとるし、女中には女の子ができとるししてなあ、そいから、まあ、旦那さんは女中の子も自分の子もかわいがってかわいがったそうな。そうして、ほんに同《おな》しやあにして育てられたら、そしたらまあ、大きんなったらいっしょにしょう思うて、旦那さんは、いちきり、神さんから聞いとるじゃけぇ思って、「まあ、なんでもいっしょになってくれぇ」言って、頼《たの》まれたけど、「何が、そぎぇな女中の子やなんどや、そぎぇな貧乏人の子とだれがいっしょになるじゃ」言うて。その男の子の方はなあ、どうしてもならんけえ、そりゃあ、「旦那さんと女中じゃけえ、場違《ばち が》いじゃけえ、おめえはなあ、そりゃいけんじゃ、いけんじゃ」お母さんも言うて。それで家を出て、そして、

「わしにはわしに似合《にお》うたとこへ嫁入りすりゃあええじゃ」と、ある家に嫁入りしたところが、運がようてからぁてんてんてんてんてんてんてんてん、も何から何までてんてんてんてん運ようマンようて、てんてんてんてんいくし、それからさあ、その旦那さんの子の男の方は、もう何いってもおもしろういかんだけえ、横着《おうちゃく》でもあるだろうし、もう、山ぁ売る、田ぁ売る、本当に杖一本になっただそうな。そして、ずっと持っとる杖一本で歩きよったが、その女中の子の所たぁ知らずと大きなうちじゃなあ、思うて、そこへ入ったそうな。

そうして、

「ご飯を一杯よばれたい」言うて乞食《こじき》じゃけえ、そうしたところがなあ、

「表じゃいけんけえ、裏へ回れ」いうて言うて、そいから裏へ回ったところが、

「まあ、おめいじゃか」いうようなことで、まあ、男の方も、

「まあ、おまえか、すまなんだ」言うて、それから、

「まあなあ、この家で風呂焚《ふろた》きなとさせるけえ、この家へおれ」言うて、おって風呂

焚きをさせよってみるけど、どうもまあ、旦那さんのことを、まあ自分は女中でおったし、えすこうにあんまり裏から飯ぅ食わしたり、そんなことは人耳《ひとみみ》が悪いけえ、

「まあなあ、おめいに似合った嫁を取ってなあ、そして裏の方になあ、家したるけえ」

言うて、小さいことを家より離れたとこになあ、その女中さんの子がなあ、小さい家をしてやって、そうして立てさせらえたとや。そればっちり。


語り手は大原寿美子さん（明治四十年生）で昭和六十年八月にうかがった話である。

馬方山姥《うまかたやまんば》

智頭町波多

昔なあ、ある村に町に尾根《うね》を越えて、峠《とうげ》を越えて三度《さんど》さんがあってなあ、馬追《うまお》って、毎日。

その三度で通いよられた商人《あきんど》さんがあったじゃ。そうしたところが、ある日の晩にちいと遅《おそ》うなって、気をせってもどりよったところが、

「おーい、おーい、ちょっと待ってくれえ、ちょっと待ってくれえ」言うて、そのわめく声がどうも、まあ人間のいうても、こりゃあ山姥《やまんば》の声じゃがよう思って、そいから急いで、馬のけつうたたいて、まあ、一生懸命《いっしょうけんめい》、その尾根を越しよった。

ところが、見ると、

「待ってくれえ、待ってくれえ」言うて、とうとう追いついて見るところが、ほんに

やっぱり山姥で、

「おい、何、馬の背《せ》に載せとるじゃあ」って、馬につんでもどりよりゃあ言うけえ、

「これはなあ、正月が来るけえ、鱒《ます》なり鮭《さけ》なりなあ、正月ご馳走《ごっとう》じゃで」て言や、

「その鮭や鱒なら一本くれえ」。一本くれえ言うけえ、

「これはやられんじゃ。もう歳《さい》の神さんにすえるよう請《う》け負《お》うたもんじゃけえ」言うた。

「そんなことを言わんと一本くれえ」

三度さんは、もう恐《おそ》ろしゅうてこたえんもんじゃけえ、聞かんけえ、一本やったところが、時の間に食うて、また、追いついて、

「また、くれえ、また、くれえ」言うじゃけえ、また一本やりして。そうしよったら、また追いついて、どうしてももうかなわんじゃけえ、

「ほんなら」言うて、ごっと全部《ぜんぶ》降《お》ろいて、

「そりゃあ、全部じゃ。もう何にもわしのはねえじゃが」言うて、馬のけつを追いて

ずっとどんでもどりよったら、それもずっと時のみゃに食うて、追いついて。

「馬をくれえ」

「何で馬やなんややられえじゃ。これ、わしの商売道具《しょうばいどうぐ》じゃ」いうて言やあ、

「そんなことを言やあ、おめえを取って食うたる」言うじゃけえ。しかたはないもんじゃけえ、馬ぁ脚《あし》を一つ折《お》ってなあ、三本にして、そしてそれを食いよる間ぃ思うて、三本脚で馬のけつう追うて、そして一生懸命もどりよったところが、また、追いついて、

「その馬ぁくれえ、馬ぁくれえ」言う。

「馬ぁくれにゃあ、おめえを取って食うたる」言うもんじゃけえ、しかたがないじゃけえ、その馬ぁ一匹やって。

そいからまあ、いっさんに向こうへとんでもどりよったところが、まあ、こうまい家があって、

「また追いつくけえ、この家へ隠《かく》れよう」と思って、その家へまあ行って、行ってみるところが、辻《つじ》ぃ梯子《はしご》があったから、そこをはい上がって、二階へおってみるところが、

まあ、山姥の家じゃって、山姥がもどってきて、

「ああ、今日はえらいご馳走に合うた。もう腹はぽんぽんじゃ。こりゃ何を食わあでもよし。まあ、世話ぁない、ずっともう寝さえすりゃあええ」言うて。そいからまあ、囲炉裏《いろり》からなあ、火ぃ焚《た》いて、

「餅《もち》を一つ焼いて食おうか」言うて、餅を焼いて、そうして、まんだそうして食おう思うもんじゃけえ、餅が、ぽんぽんすりゃあ、何分よけい食うとるもんじゃけえ、ずっと居眠《いねぶ》りをしようそうな。

そいから、三度さんは屋根のずっと茅《かや》一本はずいて、その茅先ぃ一本はずいて餅を突きさして上げて食う。で、「まあ、焼けた餅がねえ、また焼いて食おうかなあ。こっちのを」いうて言う。餅をまた上げて食う。

「いっそ醤油《しょうゆ》ぅ出そうか」。大きな腹じゃけえ、えんぐりえんぐり醤油出しよる間に、餅ぅその茅のを二階からずっと降ろいちゃあ、突き刺いちゃあ引き上げて、そぎゃして食う。

「まあ、ほんに鼠《ねずみ》の手に合わん。鼠があって、焼けたから焼けたから、まあ餅ゅ食うてしまう」言うて。醤油、取りにいっとる間に引き上げて食われて、まあ、そのけんでも遅うなるじゃけえ、餅ゅ二つ三つ引き上げて食うておったところが、

「ああ、これでええ、おすしに寝ようか、お釜《かま》に寝ようか」。言うて。

「まあのう、おすしに寝ようか」言うて、梯子を二、三段上がってみるけど、どうもよけえ食うて腹が重てえ、それへどうも上がれん、

「こりゃあ、腹が重とうて、いっそお釜に寝ましょうぞ」言うて、そいからまあ下りて、お釜に入ったそうな。

そいからまあ、三度さんは、

「よしよし、よかった、よかった」思うて、

そいから、釜の蓋《ふた》ぁして、そいから外から取ってきて、小さい石を、まあ次々次々置いて、まあゆるがんようになったら、大きな石を置きして、まあ、ほんと蓋いっぱいに

石を置いて、もう持ち上がれんようになって、

「なるほど石を置いたけえ」。それからまあ、そこへあった杉葉《すぎは》へ火を焚きつけて、カッチカッチ火、焚きつけおりゃあ、ずっと、釜の中から、

「ええあんばいじゃ」言うて。

「カチカチ鳥が鳴くそーうな」言うちゃあ、

「まあほんに、夜が明けるかなあ、カチカチ鳥が鳴くそーうな」言うて、まあ、そぎぇえ言いよる。そげしよりゃあ、どうどうどうどう火がついて燃え出いた。「ああ、こりゃなんじゃ。ああ、温《ぬく》い。ちっとなんじゃがよう。どうどう風が吹くそーうな」と釜の中から言うそうな。

そして、

「ああ、これはなんじゃ、なんじゃ。どうどう風が吹くそーうな。温い、温い。あ、けつの回りが温うなった。ああ、温い、温い」って言いよったら、何がずっと、釜が赤焼けに焼けるじゃけえ、

「熱い、熱い、熱い、熱い」言うて、てんてこてんてこしておる。

三度さんは、

「何と馬も、魚も、何にも食われて。かたき討《う》ちじゃ。殺いてやる」言うて、

「こらえてごせえ、馬も魚もみな返すけえ、こらえてごせえ、こらえてごせえ」言って。

「何で返せるじゃ。そげなもんが返せりゃあせんし、なんでかたき討ちじゃ。殺いてやる」

「殺すだけはしてごすな。こらえてくれえ、こらえてくれえ」言うけど、とうとうその釜で、山姥をずっと焼き殺いて、暗いけえ焼けとるじゃやけえ、まんだ焼いたろう思うて、まんだ火を焚いたそうな。

そうしたところが、そいつぅ黒こげの小まあに粉《こな》にしたそうな。

そいたところが、そのころずっと、疱瘡《ほうそう》が流行《はや》って、まあ、あっちもこっちもあっち

もこっちも疱瘡が流行ってこたえんじゃけえ、そいから、そのまあ、山姥の黒焼けぇ、これが妙薬《みょうやく》じゃいうことで、

「山姥の黒焼け、妙薬じゃ」。それを紙に包《つつ》んでずーっと売って。

その方は、まあ、大きなもうけをして。三度でもうけるたあ、ごついもうけてから。

そいてまあ、商売繁盛《しょうばいはんじょう》って、まあそいで大もうけをしたとや。

それぱっちり。


語り手は大原寿美子さん（明治四十年生）。昭和六十年八月に聞かせていただいた。大原さんはこの話はおばあさんのつやさんから聞かれたものだと話しておられた。

関敬吾博士の『日本昔話大成』では、本格昔話の「逃竄譚《とうざんたん》」に「牛方山姥」の話型で出ているのがそれである。地方によっては主人公が馬方ではなく、牛方となっているのも多く、関敬吾氏は戸籍の名前をつけるのに牛方の方を選んだのであろう。しかし、実際には馬方としている場合も多く、筆者はたいてい馬方として聞いた場合が多い。

京《きょう》の蛙《かえる》と江戸《えど》の蛙《かえる》

智頭町波多

昔、あるときにな、京の蛙がなあ、
「江戸はにぎやこいげなが、江戸へ行ってみたいなあ」思うて出かけるし、そいから
まあ、江戸の蛙は、
「京都はにぎやこいげなが、京へ見に出てみたいなあ」思うて出かけるしして、途中《とちゅう》
から出会って、そしてまあ、
「どんなことじゃ」言って、
「さあ、江戸がにぎやこいけえ、江戸へ行こう思うて出よるで」、また江戸の蛙は、
「京都はにぎやこいげなけえ、京都へ行こうと思うて、そして出よるんじゃ」言うて。
そして二人が出よって、それから、

「それじゃあ、ほんなら連《つ》れだって行こう」言うて、

「まあ、山の上にあがらにゃ見えんじゃけえ」言うて、二人が後になり先になりして、まあ、京の自慢と江戸の自慢と同《おんな》しように自慢話であっちいこっちいしよったら、山のてっぺんまで上がったそうな。

「やれやれ、まあ、てっぺんまで上がったけえ、ほんなら、まあ、京都を見るじゃあ」言うて、

「江戸の方見る」言うて。

ほんに四本で歩きよるやつぅ、二本にしてずーっと背伸《せの》びをして見るし、江戸の蛙は、「こっから京都を見るじゃ」言うて、また、京の方を向いて二本足で立てって、そして背伸びをして見るしして、そうしたら、

「江戸も京都も同しいなあ」いうて言うし、そいからまた、

「京都も江戸も同しいなあ」いうて言うたとや。

どっちも後ろへ目がついとるじゃけえ、京都の蛙は自分の京都を見るし、そいから

江戸の蛙は江戸を見るし……。

そればっちり。

…………

語り手は大原寿美子さん（明治四十年生）。昭和五十四年九月にうかがった。

化《ば》け物報恩《ものほうおん》

智頭町波多

昔なあ、乞食《こじき》がなあ子どもを負《お》うて、村々を回って報謝《ほうしゃ》して回りよったじゃ。そうしたところが、行き暮れて、そして、だれも泊《と》めてくれる者はないし、そこのなあ庄屋《しょうや》に行ったらなあ、

「そりゃなあ、あそこにお寺があるけど、あのお寺はなあ、何じゃで、化物《ばけもん》が出るとか、坊主《ぼうず》が出るとか何とか言うて、お寺にも和尚《おしょう》さんがおられんし。そうしとるけど、あそこい泊まられりゃあ、雨宿《あまやど》りでも露宿《つゆやど》りでも、そりゃあ、なるけどなあ」言うたら、

「わたしゃぁほんに、露宿りさえあったらいいけえ、それじゃあ、すまんけど泊めてつかあさいな」言うて、それ頼んだそうな。

その寺に行ってみりゃあ、大きなお寺が伽藍《がらん》が開いとるけえ、その口の方に寝とったそ

うな。そうしたところが、なんじゃ早うも出りゃあせんししたら、夜中になったそうな。そうしたら、「がったりがったり奥の方が言うがよう」思いよったら、大きな坊《ぼん》さんが出てきたんじゃそうな。

それからその晩、三人が、囲炉裏《いろり》ぃ当たりよられるじゃそうな。

まあ、腹ぁすくし、子どもも腹がすくじゃけえ、そして囲炉裏から大きな火ぃ焚《た》いて、その餅《もち》をぐるぐるっと焼いて、そして、まあ、食べよう思うて焼いとるけど、まあ、この坊さんにあげよか思って、自分が食わずと一つあげ、二つあげすりゃ何ぼうでも食べられるし、そぉから、坊さんが食べられるし、自分は自分もまた焼いて食べたりして。

そしてまあ、夜が明けて、

「とてもとても、あそこにはあの乞食ゃ食われとるがよう」言うて、庄屋《しょうや》の旦那《だんな》が行ってみりゃあ、ちゃんと生きておる。

「出たかや」言うたら、

「出た。こんな坊さんが出たけど、こうこうじゃった」言うて。

「ふーん、そりゃあよかった、よかった、そりゃあよかったなあ」言うて。

庄屋の旦那が、

「ようとこらえたなあ、ほんに。よかった、よかった」いうて言われたそうな。

そいからまあ、次の集落、次の集落と、また報謝したりして、子どもを負うて、そうが出ぅられたところが、そこに葬式《そうしき》があって、そぎゃって、いいうちの葬式があって、その葬式を出しよるじゃ。おるけど、葬式を出すいうと、そうするというと夕立《ゆうだち》が来るとか、まあ、雨が降るとか、

「何とかしてその葬式が出んけえ、そいでええ坊さんがいっぱい来て、葬式を出そうできるけど、どうにも出んしして困《こま》っとるじゃ」て言うて、そいじゃけえ、そいから、その乞食が考えて。

「わしがちょっと拝《おが》んでみましょうか」いうて言う。それから、

「さて、そうは言うたものの、あの、拝むすべも知らんし、何かそいでも知らせがあったんじゃろうか、しかたがないじゃけえ、夕べ泊まった、まあ、あの大坊主さんに、あ

れがお寺じゃけれど、まあ、頼んでみよう」と思うて、

「餅を食ったは忘れもすまい。餅を食ったは忘れもすまい。餅を食ったは忘れもすまい……」言いよった。

そうしたら、ずーっと大桟敷《おおさじき》ぃシャチいいもんが、つーっと上へ引き上げとった棺桶《かんおけ》が、すとーんと降りてきて、葬式が出せたそうな。

そのお寺の化物が釣り上げとったふうで、それが降りてきて、葬式を出されて、その乞食ぁ、たくさんお金をもろうて、乞食でなしと親子が上手《じょうず》ぅに暮らしがたてえように暮らいたとじゃとや。

それぱっちり。


語り手は大原寿美子さん（明治四十年生）。昭和六十二年八月にうかがった話である。大原さんはこの話を小さい頃お祖父さんに抱かれながら聞かされたそうで、中に出て来る坊さんの正体については語られないが、シャチというのは、長年飼っていた三毛猫がなった妖怪だという。この話は関敬吾博士の『日本昔話大成』にも見られないものである。ただ、本格昔話の「猫檀家」でのネコの報恩の部分と、坊さんの出てくるところは「化物問答」によく似ており、この二つの話が微妙に合体して出来上がったように思われる。

猿蟹合戦《さるかにがっせん》

智頭町宇波

蟹が柿の種を拾うてきてなあ、植えてなあ、芽が出て、「早う大きゅうなれ、早う大きゅうなれ」言うてなあ、「早う大きゅうならにゃ、つみ切るじゃ」言うたら大きゅう大きゅうなって。へえから、「早う柿がならにゃつみ切るじゃ」言いよったら、柿がなってきて、そいからまあ、よう取りゃせんかったら、猿が出てきただ。

そげしたら、蟹がよう取らんだけえ、よみじばっかり（熟してばかり）しよったら、「なんじゃあ」言うて。「柿を作ったけどなあ、よう取って食わん」言うだ。そげしたら、

「ほんなら、おらが取ってあげよか」言うだけん、

「ふん、ほんなら取ってつかあさい」言うて、柿の木に上がってなあ、ほして、一つ取ったいやあ、赤いのはわが食うてな、青いのはなあ、蟹にぶっつけて、で、蟹は死んでしもうただって。

そがしたら、「やっ」と子が出てきてなあ、猿は何も知らんし、そがして蟹が出てきて、蟹が大きになってからなあ、

「親のかたきじゃけえ、親のかたき討ちに行くじゃ」言うて、ほいて、蜂と、へから、栗と、そかあ、臼となあ、三人で
「かたき討つだ」いうて言っとったらなあ、猿がもどってきてなあ、そいて大きな火を焚《た》いて、火鉢《ひばち》を出いて当たりよったいうた。そがしたら昔の話じゃけんなあ、栗がなあ、火の中へ入っておってなあ、どーんと跳んで猿の金玉へパーンと行っただってなあ。

そがしたら、猿が、

「こらあかなわん」言うて瓶《かめ》の中へ入ったら、蟹がおってなあ、蟹がぎーと刺いてな

あ、へいて。

「まあ、あ痛や、あ痛や」言うて、へいて、戸口、出ようとしたらなあ、そげしたら戸口の上からなあ、臼が落ちるしなあ、下にゃ牛糞がかいてあろう。そこへ滑って倒れたとこを上から臼が落ちかかってなあ、そいで猿はかたきを討ったいう話もあったけどよう。

語り手は寺坂ときさん（明治三十年生）。昭和六十二年八月にうかがった。よく知られた猿蟹合戦の話である。中に牛糞が出てくるが、他の地方では助太刀に行く仲間として語られている場合も多い。ここではたまたま猿の家にあったことになっているが、本来はそうではなく、助太刀の一人としてついてきたと語られるはずだったのが、落ちていたのかも知れないと思われる。

大歳《おおとし》の火《ひ》

智頭町宇波

あんなあ、昔ある長者があってなあ、その女中の人じゃったそうな。旦那さんが女中になあ、

「今夜、年取りじゃけえなあ、明日の朝は火を消やいたらいけんけえ、今夜は火は絶たれんで。火を消やさんようにせないけんで」言うてな、ほいで言われたじゃって。ほいたら、その女中が上手にいけてなあ、朝間一番に起きてきただって。

そがあしたところが、起きてみて、ひょっと見たら火がないだ。もう火がなあて困ってしもうてなあ、

「今日、旦那さんが、そげ言われたに消やいてしもうたけん、困ったもんじゃ。ほんにこの家におれんが」思うて、そおかあ、門《かど》へ出てなあ、こがあして、向こう眺めよっ

ただって。たら、向こうに火が見えてなあ、山奥に火が見えて、とっても山奥へ火が見えてなあ、火がぷいと見えてなあ、

「ありゃ、あそこに火が見えるけえ、まあ、あれを行ってもろとこか」言って、まあ、捜《さが》いてもろてこう思うて、そいてキンバだか持ってなあ、山へ奥へ奥へ行って、裸足走《はだしばし》りでなあ、びしょびしょ道を奥へ奥へ行きよったらなあ、大きななあ、雲助ような者が七人おってなあ、火を焚きおられた。そいから、

「すんませんけどなあ、この火をひとつもらえんだろうか。今日は旦那さんがこうこう言うて言われたけどなあ、起きてみたら火がないけえ、すまんけえ、ひとつでええけえ、火をつかあさい」てセンバァ持っていかれたら、

「うん、そらあ火はやるけどなあ、この大きな死人を負うてもらやあやる」て言われて、そいで女中がなあ、しかたがない、火がないだけえ、叱られるだけん、この家におれんだけん、しかたがないだけん、

「そんならもうて帰りますけえ」

「そんなら負うて帰れ」言う。その大きな死人をなあ、負うて、センバへひとつ火をもろうて、ほか、もどってなあ、ほいて、下ろいて、そいて、

「この死人をどこへ置こう」思うて、、わが部屋へ持って行ってなあ、その死人を、円い桶《おけ》を下ろいて、わが自分の部屋へなあ。

昔はここへむしろ一枚、庭へなあ、何でも新しいやつを下げておいて、そのむしろをはずいてなあ、その死人の上へぱあっとかけて、そがして知らん顔して、まあ火をたいてなあ、そいから、付け木一つないし、マッチ一つないし、で、その火をまあ、たけつけてなあ、そげしたら、朝間、旦那さんが起きられてなあ、

「お竹（じゃかなあ、何じゃったか、お竹じゃろうか）、今朝、何事あれしぇんがかなあ」

「何にもありゃしませなんだ」

「何だか、おまえ、顔色が悪いなあ」言われなあ、

「顔色が悪い。何事があったじゃろう」て、

「何にもありゃしませせなんだ」て知らん顔しとったんじゃ。たら、「今日はなあ、だいじなおついたちじゃけえなあ、いかなることがあっても怒りゃあせんけえ、話せ」言われてなあ、

「そんなら旦那さん、どげなこと言うてもなあ、怒られせんだろうか」言うたら、

「何事があっても、今日だけは怒らんけんなあ、叱らせんけえ話せ」言われてなあ、

「そんなら話します」言うてなあ。

「起きて見たところが火がのうてなあ、しかたがないけえ、あっこへ行って、火を一つもらいに行ったら、大きな雲助みたいな人がおられて、『火を一つつかあさい』言うたらなあ、『火はやるけどなあ、この死人を負うていぬりゃあやる』言われて、しかたがないけえ、死人を負うて、こげやってもどりました。そうして火を焚いて、その火でこの餅を煮ましたんじゃ」

「その死人、どこにありゃ」

「しかたがないけえなあ、わしの部屋に持って行っております」

そいてここのむしろはずいて、そいて、むしろ掛けておった。

「そうかそんなら行って見よう」言うて、そこへ行ってなあ、部屋をパーて開けられただって。

そいたら、お竹やなんかが、そのむしろパーっとはぐったら、パーっと金《きん》が光って、「はりゃ」。そうが金じゃって、みな金《かね》じゃって、その死人いっぱいが金でなあ、長者がごつい長者になってなあ、それでその女中がなあ、代々普請をしてもうてなあ、りっぱにしてもうたいう話がありました。

語り手は寺坂ときさん（明治三十年生）。昭和六十二年八月にうかがった。関敬吾博士の『日本昔話大成』の本格昔話の中に「大歳の火」としてこの話は登録されている。あらすじを眺めても、ほぼ同じであり、基本に忠実な語りであることが分かる。

犬《いぬ》の足《あし》

智頭町波多

なに昔あるときに五徳《ごとく》にゃ、四本、足があるし、そいから犬にゃ三本じゃいったら、そうしたら、犬が言うことにゃ、

「おまえはじっとしとるけえ、足ぅ一本、おれにくれりゃあええになあ」いうて言うたら、

「ほんに何じゃ、おまえにあげるけえ。あげるけれど、うらはなあ火の粉場におるもんじゃけえ、だけえ、しっこをひりかけられせぇけんなあ」言うて。

それで犬がなあ、なんでも片足上げてひるのは、五徳の足を上げてひるじゃけえ。それで五徳が、それから三本になり、犬が四本になっただとや。そればっちり。

語り手は大原寿美子さん（明治四十年生）。昭和五十四年九月にうかがった。関敬吾博士の『日本昔話大成』で調べると、動物昔話の「犬の脚」として登録されているが、それでは神様が五徳の足を一本犬に与える。犬が片足を上げて小便するのは、神様からもらった足にかからぬようにするため、との説明になっているが、大原さんの話では、その説明は特に強調されてはおらず、単に五徳の厚意で犬が足を一本もらったように語られているのである。

「笑《わら》う」という字《じ》

智頭町波多

昔あるときに弘法大師さんが、諸国を巡りおられたら、そしたら、四、五人の子どもが、犬が足痛めて三本足でちがりちがりしおったら、竹篭持ってきて、竹篭犬にかぶしたら、そのへたばりようのの三本足で、へたばりようのおかしかったことが何ともいえんおかしかったけえ、そいで「笑う」いう字はなあ、竹冠に犬を書いたら「笑う」いう字が出来ただでいうて。そればっちり。

語り手は大原寿美子さん（明治四十年生）。昭和五十四年九月にうかがった。この話は大原さんがおじいさんから聞かれたもの。一種の由来譚ではあるが、関敬吾博士の『日本昔話大成』の中では確認できない話である。

鴉《からす》と雀《すずめ》

智頭町波多

昔、あるときになあ、おじいさんが顔洗いに出て、そうして、もどってみて、そして若い者に、

「おい、おまえら、鴉と雀は親子じゃなあ」

「何で、おじいさん、そんなことがあるじゃ。鴉は鴉で卵を産んで鴉を育てるし、雀は雀で卵を産んで雀の子を育てるし、何で親子言うかぁじゃ」言う。たら、

「そいでも親子じゃぞ」言うて、

「おじいさんは、おもしれえおじいさんじゃ。おもしれえことを言うぞ」いうて言うて。

「ほんなら、おまえ、言うて聞かしょうか、あのなあ、鴉が高い木ぃ登ってなあ、そ

してみょうれを取るし、あのなあ雀は下の枝へ止まってなあ、見上げて、『父ゅう、父ゅう』いうて言いよるしな。それから鴉が下を向いて、『子かあ、子かあ、子かあ』言うし、『子かあ』言うし、『父ゅう』言うし、こりゃ親子じゃ、こりゃ親子じゃで」言うて、おじいさんは言うて、笑い話ですが。そればっちり。

語り手は大原寿美子さん（明治四十年生）。昭和五十四年十月にうかがった。動物昔話に分類される話であろう。しかし、関敬吾博士の『日本昔話大成』の中には収められていない話種のようである。当てはめるとしたら「動物社会」の項目に入れればよいように思われる。

瓜姫《うりひめ》

智頭町波多

昔あるところになあ、おじいさんとおばあさんとあって、そしたところが、おじいさんは山に柴刈りに行くし、おばあさんはうちで洗濯をしよったら、大きな瓜がどんぶらこどんぶらこどんぶらこと流れてきてなあ、そいから、

「まあ、こりゃあ大きな瓜じゃ」言うて、そして、

「こっち来い、こっち来い」とこっちい寄せて、瓜を拾うて、

「まあ、おじいさんがもどられたら、この瓜を割って食べよう」思うておったところが、そしたら、おじいさんが帰られたけえ、

「おじいさん、今日は川で大きな瓜拾うたから、これをおじいさんが帰られてから食べよう、思うて置いとうだで」て。

それから、その瓜を包丁持って割ろうとしとりゃあ、中から、ぽこっと割れて、美しい女の子が生まれてなあ、

「ああ、これはありがたい。これは神さんが授けてくださったじゃ」言うて喜んでまあ、蝶や花やとオセ（大人）にして、大きゅうして、そして、……たら、まあ、あそこやここで、まあたいへんに、美しい姫になったもんじゃけえ、

「嫁にくれえ」

「嫁にくれえ」言ってまあ、くれるけれど、そいから、ある大きなうちに、

「嫁にくれ」言われて、そうして、

「おめえはなあ、ここで機《はた》ぁ織りよっても、だれが来ても、この錠を開けられんで」て言うておったところが、アマノジャクゆって、ずっと意地の悪いもんがあって、それが、

「開けてくれえ、開けてくれえ」言うて、

「もーう、指のかかるだけでええけえ、開けてくれえ」

「いんにゃ、おじいさんとおばあさんがなあ、開けられん言われたけん開けん」言うてうちで機ぁ織っとると、まーあ、

「ちょっと開けてくれえ、ちょっと開けてくれえ」言うて。ほんな、指のかかるだけほど開けたらなあ、そうしたらまあ、ごいって開けて、

「瓜子姫、柿が谷《だん》になあ、柿がようけなっとるけえ、そこに柿取りに行こうや」

「行かん」て言うし、

「そりゃ、行こう」言うしして、
それで、とうとう連れて行って柿を取んに、そうしたところが、そこの嫁入りをするうちの大きな柿の谷じゃって、そして、そこまで行ってから、アマノジャクが上がって、自分がええのは食べるけど瓜子姫にはちょっともくれん。青いのをくれたり、まあ、いけんのをくれたりする。そんなもんは渋うて食えりゃあせん。

「一つ、ええのを取ってくれえ」言やあ、

「そんなこたぁない」言うて、ちょっともくれんのんじゃけえ、

「まあ、おまえが上がって取れえ」言うて、そして、そいから瓜子姫が上がって取りよったら、

「そら、そこには毛虫がおる。そこにゃ毛虫が出とる」言うて、

「そこのまた先ぃ行け」言うて、そして先ぃ先ぃ行きよったら、そしたら、瓜子姫が落ちてなあ、柿が谷から。そしてまあ、血だらけになって、そしたら、おじいさんとおばあさんとが、

「まあ、嫁入りをするじゃけえ」言うて、よけえ、まあ買物をして二人が担いでもどりよったところが、そしたら、何だか泣き声がする、いうようなことで、そうして見たら、瓜子姫がなあ、落ちて泣きよったもんじゃけえ、どうしたりゃあと思いよりゃあ、アマノジャクが誘いだいて、そのとおりじゃけえ、それからおじいさんとおばあさんとが、たいへんに腹ぁ立てて、アマノジャクをずっと縛りつけて、おじいさんとおばあさんとが、たいへんにひどい目をこかして。

そうして茅《かや》のがだんの皮の根の赤いのはなあ、アマノジャクが、痛められて血が出た

アマノジャクの血じゃそうなって。まあやっと瓜子姫を助けたとや。そればっちり。

語り手は大原寿美子さん（明治四十年生）。昭和六十年八月にうかがった。このおりの聞き手は、新潟県の高校教師・佐飛鴻一さんと東京都の小学校教師・白尾幸子さん、その友人で主婦の田中和子さん、彼らを案内した筆者の四人であった。

さて、この話は関敬吾博士の『日本昔話大成』で見ると本格昔話の「誕生」の中の「瓜子織姫」に該当する。東日本型では瓜姫はアマンジャクに殺されるが、西日本型ではそうではなく茅の根が赤い由来を説くだけの内容になっている。ここでももちろん、その系統を保つ内容で終わっているのである。

食《く》わず女房《にょうぼう》

智頭町波多

昔あったときぃなあ、まことに欲な欲な父さんがあってなあ、その父さんが、何ぼ二十になっても、二十五になっても、三十になっても嫁さんの来るのが惜しゅて、嫁さんを取らんじゃ。そうしたところが、まあ、そげえいうても嫁さんがのうちゃあいけんじゃけえと思っておったら、

「立て札してみちゃろう」思うて、

「ご飯を食べん娘があったら、うちの嫁にしたる」いう立て札したところが、ある日のこと、まあ、ええ娘が来てなあ、

「わしゃちっともご飯を食わんけえ、嫁にしてつかあさい」言って、

「うん、ご飯を食わずと働くじゃったら嫁にしたる」言うて、

「うん、ご飯を食わん」
それでまあ、ほんならまあ、嫁にしてやったら、まあ、朝ご飯も食わん、
「おめえも食えや」言うて、
「いんや、わしゃご飯を食わんいうことで、嫁さんにしてもうたじゃけえ、ご飯を食わんで」言うて、
そいけど一日や二日や三日や十日でない、ご飯を食わん言うて、
「こんなに食わんとたつもんじゃないし、そういうて米こいだけあったんが、そういつまでもありゃせんし」言うて、
「いっそ、ここにツシがあるじゃけえ」と、ツシぃ上がって、まあ、
「山に行く」言うて、弁当してもらって、このツシに上がって見よったところがなあ、そうしたら、嫁さんがなあ、米をとぎかけたけえ、
「ふふーん、米をとぎよるなあ」と思って見よったところが、米をといで、それから煮たご飯をぐーっと煮たがよう、思いよったら、今度ぁ山へ行ってフクギぃ取ってき

とったのか、そのフクギぃどうするやら思やあ、おつゆに煮て、そのおつゆぅが冷《さ》めんじゃし、フクギはええ匂いがすぅじゃけえ、そのおつぅの中へフクギを入れて、こうして混ぜりゃあ、フクギの匂いもするし、おついも冷めるして、どうするじゃろう思うて、「ご飯も煮たがよう」ずっとと思やあ、その三升飯だか一升飯だか煮たご飯でむすびをいっぱいことして、ずっと入れる小皿を並べて、いっぱいこと並べるけえ、「ああ、どうするかなあ」思うて、見よったところが、髪をほどいて、ちゃーんと髪をほどいて、そうしたら、蜘蛛《くも》の化けじゃけえ、こう頭の上へ口を受けとって、そこにむすびをほおりこんじゃあ、フクギで冷まいたおつゆをかけ、また一つほおりこんじゃあ、フクギで冷まいたおつゆをかけ、とーうとうそのむすびをみんな、頭の中へいれて、おつゆもからっぽにして、それからまあ、髪を丸めてちゃんと結うておった。

そうしたところが、

「こりゃあまあ、もどった。今もどった」

「さあ、もどられたか、ほんならまあ、ご飯じゃけえ、食べるじゃわ」いうて言うた

ら、

「おめえはいっつもご飯を食わんけど、また今夜は食わんじゃけえ、食わんけど、そんなに食わぇでも、米はへるし思いよったら、今日は正体を見たじゃ。何じゃおめえの正体は」言うたら、

「その正体を見られたらおれんわ。ここにはおれんけ、わしゃいぬる」言うて。

「いぬる」言うたって、どこへいぬるじゃ」言うたら、

「わしゃ蜘蛛じゃ。蜘蛛じゃけど、うちがあるじゃ」言うて、

「そのむすびを入れたのはどぎぇなこっちゃ」言うたら、

「うちにゃあ、とっても子蜘蛛がなあ、蜘蛛が巣ぅしとるにゃ、ほんにゃごついこと子がおります。子がいっぱいおるけえ、持っていんだろう思うて、あれしよったけえ、いぬる。いぬるこたあいぬるが、土産を一つしてもらわにゃあ、長いことといっしょにおったじゃけえ」言うて。

「何がええじゃ、言うてごせ、さらっといんでごせえ」言うたら、

「竹かごを一つ作ってごせえ」言うてなあ、それで竹かごを一つ作ってやって、
「これでええか」言うたら、
「うーん、何ちゅうええかごじゃ。こらはええかごじゃけえ、まあ、負うてみるか」
言うて、負うて、
「まあ、おめえ入ってみいさい。どげえ負いいいか、まあ、負うてみるけえ」言うて、
何の気なしにひょいと入ったら、ひょいと負うて、
「こりゃあまあ、ええかごじゃ。ほんにこりゃええかごじゃ」言うて、ごんごんごん
ごん歩いて、ずっとごんごんごんごんごんごんごん山奥へ山奥へ、
「まあ、こりゃ困ったこっちゃ、どこからおりよう」って、その男は、まあ、困った
しして、そうしたら、とっととっととっとっと山奥へいんで、そうしたけど、えら
かったそうな。
「まあ、ちょっと一休みしょか。ちょっとおしっこがしたい」言うて、休んで、おしっ
こへ行っとるしすりゃなあ、その間に、見たらずっともう藤の葛《かずら》がだわーんと下がっ

とったけえ、
「こりゃあもう助け神じゃ」思うて、その藤の葛へさばりついて、木のエボ（小枝）へ、上に上にずっととりさばって上がって、そうしたら、まあ、もどってきて、そして、「やれ」言うて、そのかごを負うてみりゃあ、軽いじゃけえ、ひょいっと向こうに逆つんぼになるほどかるうて、
「ああ、休んだら楽な楽な、こらあ休んだら楽な、こりゃあまあ休んだらちょっともゆるはない」言うて、そいから空かごを負うて、また山奥へ山奥へ行くもんじゃけえ、
「まあ、正体を見たらにゃならん」思うて、そいから、その葛からさばってずり下りて、からまあ、その後、
「こりゃあ軽い、こりゃあ楽な、休んだら楽な、休んだら楽な」言うて、汗ふいて、とっととっと、まあずっと、楽なじゃけえ、喜んでまあ、上がって、そうして見るところが、どこへ行くやろう思うたら、山奥に竹藪があって、その竹藪の中が家じゃって、
そうして、まあ子蜘蛛に、

「おまえら、ええ餌、今日は取ってきたけえ、ええ餌、たるほど食べさするけえ、早うまあ、包丁をとげえ」。まあ、そげえすりゃあ、連れもあるし、やってくるしして、連れは包丁をとぐしして、そうして、そいからまた、

「まな板もこしらえたか」

「まな板、こしらえとる、こしらえとる」言うて。

そいからまあ、連れのもんがまな板を出いて、その蓋ぁ取って見りゃあ空っぽじゃけえ、

「何ちゅう、どこから逃れたやろう」言うて、ずっと連れが、まあ、あんまりええ蜘蛛でなかったろうなあ、

「ほんに、おめえみたような極道されが言うことが何が当てになるじゃ。おまえみたいな嘘こきが言うことが何が当てになるじゃ」言うて。

「『まあ、今日はええ餌にありついた』言うてあれほどずっとこしらえをさしちょいて、うん」言うて、連れは悪口《あっこう》を言うしして、しかたがねいけえ、

「明日《あした》の夜さは間違いはないけえ、おめえらあもな、門から行こうし、わしが屋根から入って、自在鈎《ずざいかぎ》いうもんが囲炉裏《いろり》に下がっとるけえ、その自在鈎をずーっと伝うて降りて、そして、こんだぁあの男、ひっさらえて来るけえなあ」言うて話しよるんを、そいつをまあ、その男が後をつけてきて、そこから聞きゃあ、

「ああ、なるほど、ええことを聞いた」思うて、男はそれさえ聞いたらとんでもどるしして、そいから、明日になって、

「今夜は蜘蛛が来るけえ、蜘蛛がずっとどうしても来るけえ、おめえらぁみんな青年、寄ってごせえ」言うて。

青年、寄って、大きな火ぃ焚いて、ずっと囲炉裏いっぱいの起こしをして、火を焚いておって、もう、

「おめえも竹箒《たけぼうき》を持て」

「おめえも竹箒を持て」言うて、みんなが竹箒を持って、ずっと用意しとったじゃそうな。

そうしたら、晩にも来んし、そいからまあ、夜が更けおるというと、そうするというと、ヅシの方から何じゃ音がする。めりめりめりめりいうが思ったら、その自在鈎のダカコに下がって、ずっと鍋の蓋のような蜘蛛がなあ、ぺりりぺりり、その自在鈎を降りてくるじゃがなあ。そうしたら、連れは門におって、どげえじゃろうどげえじゃろう思うて見よったところが、ずっと山ほどオキぃ起こいとるところに、鍋の蓋のような蜘蛛が降りてきたけえ、そうしたらまあ、いっと、

「これじゃ、これじゃ」いうとこで、竹箒でまあ、はたいて、とうとうそのオキの中へ、もう蜘蛛をはたき落いたら、そうしたら、もう、ポーンいうてはじいたら、そげしたら、門で、それを聞いて、

「もう、はじいたけえ、どげえしようもねい。もうはじいたけえ、もうどぎゃあしようもねい」言うて、いんだそうな。

まあそいで、蜘蛛を殺いたじゃとや。

それぱっちり。

語り手は大原寿美子さん（明治四十年生）。昭和六十二年八月にうかがった。関敬吾博士の『日本昔話大成』では本格昔話「逃竄譚《とうざんたん》」に位置づけられている。人々の好みに叶っているのだろうか。よく知られた話種であり、各地で聞き出すことの出来る話である。

あとがき

本書の民話は日刊紙『山陰中央新報』に平成十七年十一月一日から二十二年三月三十一日までの四年四ヵ月の間「音読ふるさとの民話」のタイトルのもとに合計一五四四回にわたって毎日連載を続けたものである。

長期連載となったのは、多くの読者の支持があったからで、冬期の暗い朝でもこの連載を楽しみに配達されるのを外で待っておられた方もあり、新聞配達の方に暗闇から声を掛けて、配達された方がびっくりされた話も聞かされたし、「いずれ単行本にまとめられるのでしょう」との期待の声は、連載当初からよく聞かされたものであった。

また学校教育の中で取り上げられ、話ごとに簡易製本をして小学校へ届けてくださった方がいたり、老人介護施設で毎週声を出して朗読を続けることにより、今まで黙っていた方が積極的に発言するようになったという話もよく聞かされた。

なお、新聞では島根県を出雲、石見、隠岐の三地区、鳥取県では東部、中部、西部の三地区と、それぞれの地区の民話を交互に掲載する形を取った。ただ、数量的には島根県のものが多いが、これは読者層の関係を加味した結果、そうなったものである。また総ルビだったのを改めて必要最小限に留めておいた。

ところで、今回の単行本化では、六地区の民話を混在させず同地区ごとにまとめる形をとっている。こうすることで同地域内での活用に便利になると考えたからである。

また、これらの話は、約半世紀にわたって各地の古老を訪ねて録音したのを文字化したものであり、基本的には方言で語られた話し言葉を尊重している。

なお、録音に当たっては著者の収録した資料を中心にしているが、以前、私が教師をしていたおりに指導していた部活動諸君（例えば島根県立隠岐島前高校郷土部）の収録した貴重な内容と思われる話なども加えている。本書の誕生で今は泉下においでの多くの語り手の方々も喜んでくださっているに違いないと私は信じている。

最後に本書発行の意義を理解いただき、出版を引き受けてくださったハーベスト出版に心から謝意を表したい。

平成二十三年秋

著　者

【著者略歴】

酒井董美 さかいただよし

昭和十年生まれ。松江市出身。昭和三十二年、島根大学教育学部中学二年課程修了。玉川大学文学部卒業（通信教育）。島根県下の中学校・高等学校に勤務した後、大学に転じた。平成十一年、島根大学法文学部教授を定年退官、鳥取短期大学教授となり、十八年退職。同年四月から二十四年三月まで松江市大庭町にある出雲かんべの里館長。山陰両県の口承文芸を収録・研究しており、平成十七年より山陰民俗学会会長。目下、山陰両県の民話語り部グループ育成に力を注いでいる。

昭和六十二年　第二十七回久留島武彦文化賞受賞　㈶日本青少年文化センター
平成二十年　善行賞（青少年指導）受賞　㈶全国善行会

主要著書（口承文芸関係）

「石見の昔話」―日本の昔話27―　日本放送出版協会　昭和五十四年
「出雲・石見の伝説」―日本の伝説48―（萩坂昇氏と共著）角川書店　昭和五十五年
「山陰の口承文芸論」　三弥井書店　平成十年
「鳥取ふるさとの民話」　ワン・ライン　平成十二年
「山陰のわらべ歌」　三弥井書店　平成十六年
「島根の民謡」―歌われる旧き日本の暮らしと文化―（藤井浩基氏と共著）三弥井書店　平成二十一年
「さんいんの民話とわらべ歌」　ハーベスト出版平成二十二年
「民話に魅せられて」―ある田舎教師の歩み―　立花書院　平成二十三年
「奥出雲の民話」　奥出雲町文化協会　平成二十三年
「山陰のわらべ歌・民謡文化論」　三弥井書店　平成二十五年　ほか多数

さんいんの民話《みんわ》シリーズ
ふるさとの民話《みんわ》 第十集 鳥取東部編《とっとりとうぶへん》II
二〇一五年十一月十日 初版発行
著者 酒井董美《さかいただよし》
発行 ハーベスト出版
〒六九〇－〇一三三
島根県松江市東長江町九〇二－五九
TEL 〇八五二－三六－九〇五九
FAX 〇八五二－三六－五八八九
印刷・製本 株式会社谷口印刷
定価はカバーに表示してあります。
落丁本、乱丁本はお取替えいたします。
ISBN978-4-86456-172-3 C0039
Printed in Japan